Sangre de Poeta

Sangre de Poeta

Cachito

Copyright © 2014 por Cachito.

Número de Control de la Biblioteca del Congreso de EE. UU.: 2014910633
ISBN: Tapa Dura 978-1-4633-8665-8
Tapa Blanda 978-1-4633-8664-1
Libro Electrónico 978-1-4633-8663-4

Todos los derechos reservados. Ninguna parte de este libro puede ser reproducida o transmitida de cualquier forma o por cualquier medio, electrónico o mecánico, incluyendo fotocopia, grabación, o por cualquier sistema de almacenamiento y recuperación, sin permiso escrito del propietario del copyright.

Las opiniones expresadas en este trabajo son exclusivas del autor y no reflejan necesariamente las opiniones del editor. La editorial se exime de cualquier responsabilidad derivada de las mismas.

Información de la imprenta disponible en la última página.

Fecha de revisión: 24/07/2015

Para realizar pedidos de este libro, contacte con:
Palibrio
1663 Liberty Drive
Suite 200
Bloomington, IN 47403
Gratis desde EE. UU. al 877.407.5847
Gratis desde México al 01.800.288.2243
Gratis desde España al 900.866.949
Desde otro país al +1.812.671.9757
Fax: 01.812.355.1576
ventas@palibrio.com

ÍNDICE

REFLEXIONES

A Medias	3
Adelante	4
Al Final del Día	5
Ámame	6
Ave Herida	7
Baila	8
Bajo lo Claro del Día	10
Bella Mariposa	11
Brillante y Fallido	12
Buen Amigo o Enemigo	14
Caminos Sigilosos	16
El Ciclo del Esplendor	17
Contemplo	18
Corazones Traicioneros	20
Cumple lo Acordado	21
Cuna de la Salsa	22
Dama Negra	24
De la Cabeza a los Pies	25
Decisiones	26
Deja Huella al Caminar	27
Deja Vu	28
Destinado Nadie Nace	29
Don Nadie	30
Donde es Pecado ser Joven	31
Dueños de la Inocencia	33
El Granjero Agradecido	34
El Amo y su Perro	35
El anillo desteñido	36
El Artista Sin Igual	37
El Barquito Valiente	39
El Camino del Amor	40

El Ciego	41
El Experto Inexperto	42
El Hombre dentro de Mí	44
El Milagro de La Vida	45
El Pirata de Tu Amor	47
El Sabio	48
El Trapecista	49
En Acuerdo y Desacuerdo	50
Medidas Consumidas	51
En entradas y salidas se me fue la vida	52
En mi lecho de partida	53
En Oriente y Occidente	54
En tus parpados yo muero	56
Engañada	57
En Líneas y Paralelos	58
Eres Mía	59
Eres	60
Flores	61
Gracias	62
Holocausto	63
Hombre Moribundo	65
Invisible Benefactor	67
La Bella Primavera	68
La Cajita de Cenizas	69
La Distancia y El Olvido	71
La Experiencia no Vivida	72
La Felicidad	73
La Isla del Encanto	74
La Luna es Mi Compañera	75
La Nube Perdida	76
La Oscuridad del Alma	77
Lejos	79
Linda Compañera	80
Lo grato de tu Compañía	81
Lo Pasado no ha Pasado	82
Lo Posible del Amor	83
Lo que Cuenta es lo que Dejas	85
Los Amantes	87
Los Charros de Mi México	88

Los Siete Magníficos	90
Luna Tardía	91
Luz Nueva en Ventanas Viejas	92
Madre e Hijo	93
Mariposa del Amor	94
Medidas Consumidas	95
Mi Bella Isla	96
Mi Casa es mi Mundo	97
Mi Negrito Sabroso	98
Mi Preciado Amor Dorado	99
Mi Señora	100
No te extravíes por la pasión	102
Obras Incomparables	103
¡Oh Mañana Gloriosa!	105
Pecados Ajenos	107
Pedacitos	109
Piel Canela	110
Pobreza	111
Por culpa del clavito	112
Punto de Vista	113
Señor Tiempo	114
Ser y no Ser	115
Siempre	116
Soy piedra del río	117
Soy	118
Tarde Para Cumplidos	119
Triste volar	120
Tu nombre	121
Una Cita con mi Mente y Corazón	122
Vanidad	124
Viejo Árbol	126

HISTORIETAS

Al Pie del Flamboyan	131
Amor de Madre	133
Amor de Piedra	135
Amor Verdadero	137
Aprende de la Creación	139
Caos Musical	142

Carrera Mortal	144
Cúcame la Pollina	146
Damas Caídas	147
Dingo o Mandingo	150
El Animal que más se parece al Hombre	152
El Bruto	153
El Capataz	155
El Corcel Enamorado	158
El Desafió	160
El Emigrante	162
El Flojo	163
El ingenuo Roedor	164
El Jíbaro Fino	165
El Jíbaro Valiente	168
El Jíbaro y el Carey	169
El Malagradecido	170
El Pajarito Errado	171
El Pequeño Soldadito	173
El Pollito Soñador	176
El Sembrador Distraído	177
Esposa para El Norteño	178
Feliz en mi Granja	180
Gracia por Desgracia	181
Inquebrantable Integridad	184
Juan Bobo y El Jamón	186
La Bella Ave Oruguera	188
La Cárcel de Colores	190
La Eterna Suplicante	192
La Niña Escandinava	194
La Roca	196
La Última Pelea	198
Mi Pueblo y Yo	200
Mi Vecina	202
No confundas la Libertad	204
Paradoja de un Soldado	208
Por Esmayao	211
Tradiciones	212
Unidos por la Compasión	213
Vivo Retrato	216

Boquerón, en el pueblo de Cabo Rojo en Puerto Rico
Foto por Angel Aponte

REFLEXIONES

A Medias

A la mitad del camino
Di un medio tropezón
Fue mediana la herida
En medio del corazón

Fue media la vergüenza
Y quedé medio adolorido
En el medio del camino
Por estar desprevenido

Por medio de las decisiones
Que medio mal tomé
Fue media la cosecha
Que a medianas coseché

Por medio de malos ratos
En la mitad de mis tiempos
Quedé medio sofocado
Con la mitad del aliento

A la medida atribuida
A la mitad de mis errores
Miro medio cabizbajo
Y no son pocos los dolores

En gran medida de vida
A medias todo es dañino
Pero mejor erro a medias
Y no me salgo del camino

Aun a medias toda cosa
Son a medias encomiadas
Por no tropezar completo
Continuaré yo en mi jornada

Seguiré siendo mediocre
Cuidaré mejor mis pasos
Hay un medio que no es bueno
Pero no todo es fracas

Adelante

Todo corre hacia delante
Su avanzar es progresivo
A pesar que no haya un fin
Que de final a su camino

Adelante corre el tiempo
Con correr indetenible
Como jinete galopando
Y sin meta definible

Y las olas de los mares
Con constante navegar
Y se estrellan en la orilla
Y no dejan de llegar

Las nubes circuncidan
La tierra constantemente
Dando vueltas y más vueltas
Empujadas por corrientes

Y el viento más las sopla
Y las sopla de continuo
Y no hay debilidad
Ni cansancio en su soplido

En un planeta que da vueltas
Sin gastar su batería
Con una fuente poderosa
De inagotable energía

Al amanecer hay un día
Como también una mañana
Y nuestro ayer yace muerto
En las cobijas de mi cama

Y adelante la existencia
Justo al comenzar la vida
Con mucha hambre de vivir
Desde el punto de partida

Adelante con los planes
Y experiencias convividas
Y llegamos a pensar
Que la vida no termina

Y tal parece que el cansancio
Apago tu mecha viva
Y su luz parece opaca
Casi, casi se extermina

Con tus fuerzas limitadas
Porque en ti ya no las hayas
Tu adelante quedo muerto
En el campo de batalla

Adelante hombre erígete
Tu adelante sigue vivo
Que aunque sea invisible
Jehová siempre esta contigo

Al Final del Día

Justo al final del día
Muere el deseo ansioso
Que te despierta en mañanas
Después del dormir perezoso

Tus labores has cumplido
Lo que de ti se requería
Con la mayor capacidad
Hasta donde más podías

Has usado habilidades
Porque de ti se depende
Y al final del día quedas
Como pan que no se vende

Tus cartuchos has quemado
En batalla inaudita
Y ya en ellos no se encuentran
Ni chispa de dinamita

Lo lustroso de tus ojos
Han perdido su esplendor
Y tu rostro se ha opacado
Enfrente del televisor

Y la luna es fiel testigo
De tu cuerpo que se entrega
A cobijas y almohadas
En fresca noche de estrellas

En deliriosos sueños
En estado suspendido
Para volver a echar vuelo
Como un ave de su nido

Y aunque suele parecer
Como tómbola infinita
Todo tu don inviertes
Hasta la ultima gotita

Ámame

Ámame con tu sonrisa
Ámame con tu mirar
Bésame con ternura
Quítame el respirar

Ámame al medio día
También al atardecer
Ámame en las noches frías
Ámame al amanecer

Amarme sin más no poder
Es todo lo que te pido
Que seamos uno solo
En propósito y sentido

Que mi amor tú lo anheles
A toda hora y momento
Que sea este el elixir
Que me mantiene contento

Que seas mía para siempre
Con amor puro y eterno
Que en lo infinito del tiempo
Seas tú mi complemento

Que vayamos de la mano
Por los jardines del tiempo
Recogiendo bellas flores
Del campo del sentimiento

Ave Herida

Soy un pájaro que vuela
Por cielos resplandecientes
Y en mis alas el sol naciente
Crea con su luz colores
Son preciosos tornasoles
En arreglado plumaje
Es divino el encaje
De mi magnifico despliegue
Que ni los bellos claveles
Podrían asimilar
Pero un día yo al volar
Me detuve a tomar descanso
Después de volar yo tanto
Paré en cordel suspendido
Fue estruendoso el sonido
Al hacer el contacto
Por el cielo se oyó un llanto

Y hacia tierra yo caí
Aun herido me sentí
Al ver la sangre que corría
Ya mis patitas no tenía
Debido a la fuerte explosión
Era grande mi aflicción
E inundante mi melancolía
Pero alas yo tenía
No estaba todo perdido
Y el creador dio alivio
En la condición que estaba
Y en los cielos que yo amaba
Volví a volar libremente
Y en mi corazón y mente
Reside el agradecimiento
Por el que me dio el aliento
Y con el moraré siempre

Baila

En movimientos afinados
El bailar es expresión
Que sin palabras audibles
Están llenos de emoción

Movimientos acoplados
Con el ritmo musical
Y el cuerpo esta embargado
En sincronía universal

En la mente están los planos
Y se transmiten los mensajes
Que el cuerpo ejecuta
En movimientos corporales

Y por todos los países
El bailar es integral
Y parte de los cimientos
De la esquema cultural

En España la gitana
El Flamenco taconea
Y su gallardo compañero
Con palmadas la rodea

Para Colombia la Cumbia
Es como el aire que respira
Y en Bogota su capital
Con su música da vida

En Venezuela se disfruta
Con euforia el Ballenato
Y el guajiro se menea
Y se rompe en mil pedazos

En Argentina se despliega
El melancólico Tango
Cuando el zapato se desliza
Se oyen las tablas llorando

En México soban la tierra
Con Jarabe Tapatío
Y el charro desahoga
Un fuerte grito bravío

En Paraguay positivamente
Se distingue el Guaraní
Donde se grita de lo alto
Soy criollo y soy de aquí

El Pasillo de Ecuador
Es música contagiosa
Que te alegra el corazón
Con su escala melodiosa

Desde Chile las mujeres
Parecen lindas muñecas
Sonrientes bailan todas
Con sus galanes la Cueca

El Perú con sus pañuelos
Pasos dan en Marinera
En florida vestimenta
De hombres con sus compañeras

En Nicaragua comúnmente
Con preparación y ensayo
Se congregan las parejas
Y bailan el Palo de Mayo

En la caribeña Cuba
Esta la negra sandunguera
Meneándose al compás
De la Sonora Matancera

En El Salvador el público
Sintonizan las mejores
Emisoras populares
Oyendo a los Hermanos Flores

En Panamá por caseríos
Y dondequiera se divulga
Y como balde de agua fría
Nos empapan con la Murga

En la República Dominicana
La Bachata y El Merengue
Es el pan de cada día
Que sostienen a la gente

En Puerto Rico es costumbre
En las fiestas de verbena
Donde se celebra en grande
Al compás de Bomba y Plena

Y en la alegría de los pueblos
Aun de tierras cerca o lejos
Disfrutando los sonidos
Sean simples o complejos

Y los rítmicos sonidos
Espantarán los sinsabores
Y en el jardín de nuestras almas
Añadirán bellos colores

Bajo lo Claro del Día

En la claridad del día
Se ven actos milagrosos
Cuando la luz del sol
Resplandece en nuestros rostros

Son las cosas increíbles
Que el humano no comprende
Que circula en su cabeza
Pero que escapa su mente

Es una flor que brota
De una pequeña semilla
O vegetal delicioso
De tan sólo una gavilla

Es un castor que trabaja
En el rió muy contento
En obra que lo convierte
En tremendo arquitecto

Son los gansos que volando
Recorren un gran camino
Que sin brújula en sus alas
Llegan a su destino

Es la hormiga que trabaja
Con afán en el verano
Y en el invierno consume
Todo el fruto de sus manos

Es el viento que soplando
Con su poder destruye
Que con fluencias termales
Al científico le instruye

Son luciérnagas nocturnas
Que con luna acompañadas
Y como manto se lucen
Como tapestría bordada

Son los ríos que fluyendo
Hacia el mar por si se guían
Pero el mar nunca se llena
Ni los ríos se vacían

Es el planeta que gira
Sobre un eje invisible
Son los campos de la ciencia
Que el hombre haya incomprensibles

Es ser humano que nace
De una célula en el vientre
Es un niño en los brazos
De su madre sonriente

Es la mente que trabaja
Con su duro pensamiento
Es la boca que se expresa
Con el puro sentimiento

Bella Mariposa

En el tallo de una planta
Una criatura voladora
Deposita sus adentros
Justo al deslumbrar la aurora

Pero poco a poco un cambio
A la caída del alba
Al poco tiempo se ha tornado
En un Gusano de Larva

Dentro de sí éste guarda
Un misterio indescifrable
Sus químicos adheridos
En proporciones estables

Como identidad cambiante
Metamorfosis transpira
Ocurre una alteración
Increíble al que lo mira

Sale una bella Mariposa
Del gusano horripilante
Con sus alas y diseño
De Colores fulgurantes

Alas hechas de seda
Echan vuelo divertido
Se posa sobre una Rosa
Y su néctar es extraído

El Polen y la fragancia
Dan a su vida esplendor
Como Reina revestida
Dan crédito a su creador

Brillante y Fallido

Las cosas complicadas
Soluciono fácilmente
Pero en lo simple de la vida
Me encuentro deficiente

En campos que me rodean
Soy una simple eminencia
Pero en las cosas sencillas
Soy falto de inteligencia

La electrónica intrincada
Llena de tecnología
He llegado al mismo borde
De este campo, yo diría

No se hable del espacio
Y los planetas que circulan
Hace ya bastante tiempo
Que puse el pie en la misma luna

En armas de destrucción
En la era nuclear
Tengo suficientes armas
Para mi galaxia borrar

Puedo hacer intervenciones
En la humana fisiología
Transplantes de corazón
Ya son pan de cada día

Hasta clonar al ser humano
Aun pretendo con la ciencia
E imitar hasta Dios mismo
Con toda su Omnipotencia

Tantas cosas he logrado
Ya para mí no hay firmamento
Que no pueda conquistar
Con el suspiro de mi aliento

Pero en las cosas sencillas
Soy como címbalo estruendoso
Que no da la nota clave
O que suene melodioso

Invierto horas infinitas
En ganar mucho dinero
Pero el hogar que Dios me dio
Es morada de extranjeros

Muy bien puedo establecer
Corrientes de electricidad
Más con quien comparto el lecho
No existe la sinceridad

Mi relación matrimonial
Es fuente de irritación
Y en mi lazo conyugal
Es un nudo de asfixion

Y ¿Quien juega con mi hijo?
¿Quiénes son los que le mienten?
¿Quiénes son sus compañías?
Cuando yo me encuentro ausente

Soy lumbrera que ilumina
En el mundo celebridad
En mi casa solo brillo
Por mi propia oscuridad

En las cosas complicadas
Soy brillante con mi mente
En las cosas muy sencillas
Soy fracaso contundente

Soy de mente inteligente
Admirado con razón
Más fallido en lo sencillo
Por falta de corazón

Buen Amigo o Enemigo

Voy caminando por la vida
Sin dejar rastro ni huella
Aunque me cubren las estrellas
No ando buscando salida

Tampoco voy diría
Como si fuera perseguido
Porque paso silencioso
Sin hacer algarabía

Un amigo a todo dar
Con enemigos reconozco
Conocidos que conozco
Pero todos a la par

Sin longitud ni estatura
Aunque me traten de medir
Sería erróneo concluir
O llegar a conjeturas

Aunque con falsas nociones
Bien tu ojo me lo guiñas
Me tratas como una niña
Con afecto y atenciones

Como amigo a mis clamores
Corres a mí a toda prisa
En tus labios hay sonrisas
Que destellan como flores

En otras soy tu enemigo
Me sigues con frenesí
Piensas que si no es así
Todo estará perdido

A veces por un descuido
Pagas con mucha razón
El dolor del corazón
Te llega hasta el mismo ombligo

Es muy propio y apropiado
Que por mi tú te preocupes
Tú te enteras y yo no supe
Lo que contigo ha pasado

No me doy por enterado
De cual sea tú fortuna
Si bien comes o si ayunas
Me tienes despreocupado

Yo no te doy por tu lado
Aunque por mi tú te mueras
Y por más que tú me quieras
Mi sentir nunca ha cambiado

Tú te has posicionado
En esta difícil situación
Y no esperes galardón
De quien nunca te ha llamado

Soy quien soy sin tu presencia
No me invaden sentimientos
Corro sin tirar al viento
Precauciones o advertencias

En mí no existe conciencia
De lo recto o inaudito
Por lo justo yo no grito
No importa la consecuencia

Tal pareciera injusticia
Que yo siquiera existiera
Que en mí adentro solo hubiera
Solo un mundo de malicia

Pero estás equivocado
Si llegaras a pensar
Que existo para hacerte mal
Y que he de ser exterminado

Sin mí no existe facultad
Ni pasado ni presente
No se escape de tu mente
Que vives por mi voluntad

Esto es en realidad
El compartir con el tiempo
Quien puede ser tu complemento
Si es que me sabes usar

Caminos Sigilosos

Los caminos sigilosos
De la mujer enamorada
Con pisadas cuidadosas
Y engaño en su mirada

Con sus labios no divulga
Sentimientos escondidos
En su mente hay ideas
Y otro asunto es conferido

Y con el simple reflejo
De sus ojos cristalinos
La mujer no comunica
El rumbo de sus caminos

Pero su conducta la traiciona
Y ella a leguas comunica
Y parece una flor
Que de pronto se marchita

En su corazón el hombre
Sabe hallar lo que radica
Así sabe si fue agua
Lo que en su cara le salpica

Y el asunto es descubierto
Y él su flecha bien apunta
Y ya sabe la respuesta
Antes de hacer la pregunta

En ocasiones sólo es juego
De un diálogo en sincronía
Y las preguntas se las hace
Por una mera cortesía

Pues ya sabe la respuesta
Y todo es figurativo
La verdad brilla en su ausencia
En los medios expresivos

Es mejor sernos sinceros
Ya que salimos ganando
Y se obtiene la confianza
Según nos vamos amando

El Ciclo del Esplendor

Soy una hoja verde
Que de su árbol ha caído
Por el viento fui aventada
Dando vueltas al vacío

Ahora el húmedo suelo
Es el lugar donde resido
Donde el resto de mi vida
Poco a poco se me ha ido

Lo verde de mi color
Fue secado por el tiempo
Y mi flexible textura
Ya no es mi complemento

Por las lluvias fui anegada
Descompuesta en humedad
Nutritivos alimentos
Ahora son mi propiedad

Dentro de mí fue saliendo
Vida deslumbrante y nueva
Hacia arriba fui creciendo
Queriendo tocar las estrellas

Arriba esta mi pedestal
Como hoja verde y nueva
Desde lo alto me mezo
Nueva vida hay en mis venas

Un ciclo de muerte y vida
Gloria da al creador
Quien hace de lo viejo nuevo
En un ciclo de splendor

Contemplo

Como mis ojos yo contemplo
Todo lo que me rodea
Es punzante mi mirada
Meticulosa es mi tarea

Mientras miro me pregunto
Del porque de los eventos
Buscando así conclusiones
Lógicas al pensamiento

En el continente negro
Observo verdosas praderas
Los rumiantes dan sus crías
Justo en la primavera

Y la cebra sólo deja
Que sus rayas vean sus crías
Es la única manera
Que no se confundirían

En barrancos del Victoria
Al secar sus cataratas
Pajaritos hacen hoyos
Que con picos desbaratan

Lo hacen precisamente
Cuando el lodo esta muy suave
Antes que el sol los convierta
En una roca impenetrable

¿Quién le dijo al pajarito
Cuando y dónde construir
Comenzando su tarea
Justo en el mes de Abril?

Hacen grandes trayectorias
Los bueyes y los elefantes
En peligrosa travesía
A lugares muy distantes

Llegan año tras año
Sin una brújula ni mapa
En un viaje fatigoso
Cuando la hierva es escasa

Y yo sigo observando
Todo lo que me rodea
Como aguas se regulan
Por la luna y las mareas

El ambiente y la vida
Se complementan a tal grado
Que asemejan a pareja
En baile sincronizado

En el solitario otoño
Las plantas se han desnudado
Como seres soñolientos
Que el cansancio ha abrumado

Con traje blanco en el invierno
Sale elegante el conejo
Para bien camuflajearse
Y no ser visto desde el cielo

De dónde sacó sabiduría
Este pequeño mamífero
Y sacar su vestimenta
Justo al tiempo más critico

Después que las lluvias caen
Los pájaros son felices
Porque el césped esta lleno
Y nutrido de lombrices

Al mirar a las alturas
Cuando veo el cielo azul
Que el sol mismo ha tenido
Con sus destellos de luz

En las noches las estrellas
Nos alumbran con destellos
Y la luna hace su entrada
Ante un manto oscuro y negro

Y la vista no se cansa
De ver lo maravilloso
Con propósito y belleza
Por Jehová, el Todopoderoso

Corazones Traicioneros

El enemigo del humano
En su pecho es residente
Su corazón es traicionero
Y es corrompido de mente

Él a su prójimo le imputa
Malos motivos y razones
Y por sí mismo el decide
Cuales son sus intenciones

Crea conceptos erróneos
Cultiva motivos internos
Lleva cuenta de los daños
Son bultosos sus cuadernos

Perdonando con su boca
Sus palabras son creídas
Pero dentro de su ser
Tiene el alma corrompida

Y en el campo de batalla
Siempre yacen los heridos
Que por injustas agresiones
Abajo caen sin sentidos

Su buen nombre es manchado
Dañamos su reputación
Y el injusto se levanta
Como ave en ascensión

Pero en el camino de la vida
Se esclarecen realidades
Como en agua cristalina
Se ven las profundidades

Las verdades resplandecen
Como el sol al mediodía
No pensamos que de lejos
La verdad cabalgaría

Con su espada nos desnuda
El desplome es repentino
El justo queda librado
De nuestro corazón dañino

Cumple lo Acordado

Por no cumplir los cumplidos
La gente no se ha atrevido
A cumplir con lo acordado
Y mejor han olvidado
Los arreglos convenidos
Se han hecho tan atrevidos
Que se han desobligado
Han actuado hasta contrario
Porque así lo han decidido
Pero este proceder trae castigo
Y en verdad trae mucho agravio
Cuando hablamos con los labios
Y con acciones no cumplimos
Mejor sigue tu camino
Que enfrente de ti has trazado
Para que no salgas disparado
En la boca del vecino
Que eres un mal cumplido
Y con vergüenza y abochornado
Te vean medio cabizbajo
Caminando sin sentido
Y profundamente afectado
Con el sentimiento herido
Y todo por no haber hecho
"Lo que habías convenido"

Cuna de la Salsa

En el campo de la Salsa
Puerto Rico es el meñique
Y a pesar de tan pequeño
Es caliente como el pique

En muchos campos sobresale
Como la salsa y el bolero
Lo romántico en sus ojos
Y en caderas puro fuego

Cortijo y su Combo fueron
De la salsa precursores
Al igual que Mon Rivera
Fueron entre los mejores

Willie Colón es gigante
Que sobre cabezas se alza
Reconocido en el mundo
Como un gigante de la salsa

Richie Ray y Bobby Cruz
Con un sonido sin igual
El pegajoso "Jala Jala"
Y su "Sonido Bestial"

Los conocidos maelos
Han sido la voz del pueblo
Ismael Rivera y Miranda
El nene lindo y el Sonero

Cheo Feliciano y Pellín
Salseros y boleristas
Bien te ponían a llorar
O a deshacerte en la pista

Y quien pudiera olvidar
Al maestro Ray Barreto
Sus manos duras retumbaban
El estadio por completo

A Raphy Levitt y La Selecta
Con Marrero justo en frente
Que escribió la Cuna Blanca
Después de un trágico accidente

La Universidad de la Salsa
El Gran Combo mueve el pie
Con la voces predilectas
De Aponte, Rivas y Montañés

Puerto Rico también tiene
Algunos hijos adoptivos
Johnny Pacheco fue uno
Que pegó con su sonido

Quien pudiera negar
Que Celia Cruz fuese una reina
Con azúcar en su boca
Y el melao corría en sus venas

De los viejos boleristas
Como fue Santos Colon
Pequeñito de estatura
Pero con voz de gorrión

Larry Harlow conocido
Como el judío maravilloso
Trajo al pueblo de Borinquen
Muchas alegrías y gozo

La Sonora Ponceña ha sido
Con trombones y trompetas
Y Papo Lucas en el piano
Como un tiro de escopeta

Johnny el Bravo bien sonaba
El guaguanco y el Son Montuno
Y Barrio Obrero disfrutaba
Gozando como ninguno

Apollo Sound hizo despegue
Dirigidos por Roena
No se encontraban en la isla
Salsa tan brava y tan buena

Lalo Rodríguez fue especial
De muchachito inigualable
Pegó con Eddie Palmierie
La canción Deseo Salvaje

El Clásico con Tito Nieves
También Bobby Valentín
Y hasta Justo Betancourt
Entraron en el friquitín

Marvin Santiago fue sonero
Eso no lo hay que discutir
Otro que también sonaba
Fue el salsero Frankie Ruiz

Sería un pecado omitir
Quien de Ponce un día salió
El cantante de cantantes
El conocido Héctor Lavoe

No se puede discutir
La contribución de Puerto Rico
Que como "Cuna de la Salsa"
Siempre ha sido el favorite

Dama Negra

Soy una gran señora
De oscuras vestimentas
Con ojos cautivadores
Y de caminada lenta

Con un cuerpo muy velludo
Mi dentadura es fina
Mi casa esta en lo alto
Cuando miras hacia arriba

En el sexo opuesto
Causo pánico mortal
Son como plato exquisito
Dulces a mi paladar

El humano no me aguanta
Ni mucho menos tolera
A pesar de mi belleza
Soy pagana en la novela

Se oyen gritos cuando llego
Como un monstruo a mí me miran
Con todo lo que se halle a mano
Es con lo que a mi me tiran

Pero soy tan solo un ser
Que construye sus labores
En tejidos delicados
Y que brillan como el cobre

Cuando algunos me visitan
Siempre se quedan en casa
Y el que entra a mi alcoba
Por la puerta ya no pasa

Me dicen la dama negra
Que en la noches te acompaña
Con elixir preparado
Porque soy la bella araña

De la Cabeza a los Pies

Después de nueve meses
En el vientre de tu madre
Con las piernas para arriba
De cabeza es que sales

Y así es que comienza
Una vida de martirios
Y los pies y la cabeza
Entran en un gran litigio

Al principio de tu vida
Por los pies tú te diriges
Pero en toma de poder
La cabeza es la que rige

Y de ahí en adelante
La cabeza nunca falla
Disparando sus ideas
Como si fuera metralla

Como un amo despiadado
Que va ejerciendo su poder
A los pies apresurados
Los dirige por doquier

Ahí va uno detrás del otro
Caminando como esclavos
Y las órdenes parecen
Golpes dados con un palo

Y los pies van obedientes
Sosteniendo la cabeza
Pasan toda su existencia
Sin una queja y sin pereza

Pero según la vida pasa
Los pies se van agotando
Ya cansados se arrastran
Como si fueran lagartos

Pronto la vida se va
Y los días ya se fueron
Esta es la oportunidad
Cuando los pies se van primero

Decisiones

En ocasiones particulares
Nos encontramos predispuesto
Y el final de los asuntos
Ya están en la mente resueltos

Es detrimente condición
Cuando ya hemos juzgado
El final de aquel asunto
Sin ver el posible resultado

Inventamos los factores
Que con sutil persistencia
Predisponen resultados
Aun sin ver las consecuencias

Preferimos ignorar
Cosas en sí indispensables
Y así no visualizar
Un final desagradable

Nos tapamos aún los ojos
No meditamos a conciencia
Y no alteramos decisiones
Por nuestra propia complacencia

Cuando el problema está adentrado
Y la soga bien apretada
Ponemos gritos en los cielos
Como una cabra ahorcada

Y todo por no haberlo pensado
Y visto toda avenida
Aunque sea en ocasiones
Aún las menos atractivas

Hay que ser muy sincero
Con uno en todo momento
No querernos engañarnos
Ni rechazar ningún consejo

Tarde o temprano saldrá
Todo con claridad
Y quedaremos destapados
Ante la infalible verdad

Deja Huella al Caminar

El camino en esta vida
Debe ser muy precavido
Para evitar los tropezones
Y no caigas por descuido

Pero aunque sea el destino
Y el querer allí llegar
El más grande incentivo
Que te impulse a caminar

Tenemos que reconocer
Que es nuestra trayectoria
Lo que importa de verdad
Y da fe de nuestra historia

Cuales fueron los senderos
Cuales fueron los caminos
Si quedo alguna huella
En los caminos recorridos

O si dejamos todo igual
Y no aparece huella alguna
No encontramos la manera
O la ocasión más oportuna

De impactar esas caritas
Que en el camino encontramos
Encausar un buen sendero
Por donde un día caminamos

Y así dejar aquel sendero
Muy brillante y fulguroso
Dejar atrás al conocido
Lleno de risas y gozo

Por habernos conocido
Y compartido las victorias
Y dejar una experiencia
Indeleble en su memoria

Aunque ya físicamente
No nos tengan a su lado
Esfuérzate por dejar huella
En el sendero caminado

Deja Vu

Sigilosas las memorias
Del pasado ya vivido
Que creé haber descartado
Y arrojado en el olvido

En ocasiones provocadas
Por experiencias similares
Por olores y sabores
O por notas musicales

Son claras y cristalinas
Que vuelan a mí como aves
Experiencias aun guardadas
En receptáculo sin llave

Espontáneas te vislumbran
Sin provocación alguna
Y las memorias revividas
Pueden ser inoportunas

Los recuerdos van pasando
Como en cinematografía
Del amor del tiempo atrás
Con quien guardabas compañía

O pueden ser esos lugares
Donde viviste por un tiempo
Las viejas calles recorridas
Cuando eras joven y apuesto

Y quisieras regresar
Aunque fuera en un momento
Y poder ser transportado
A aquellos viejos tiempos

Pero eso es imposible
Solo te queda saborear
Los segundos que la mente
Te ha dejado disfrutar

Pronto regresas al presente
Donde ahora vives tú
La mente te ha hecho una jugada
Que se llama Deja Vu

Destinado Nadie Nace

Todos tratamos en la vida
De tomar un buen camino
Aunque muchos solo piensan
Que está escrito su destino

Que desde la concepción
La travesía está programada
Que nacemos con boleto
Y cual será nuestra parada

Es debido a esta creencia
Que como pájaros sin rumbo
A los vientos alzamos vuelo
Como simples vagabundos

En los caminos que trazamos
Hacemos y deshacemos
Y aunque con mucho esfuerzo
Lo edificado aun rompemos

Después lloramos como niños
La amargura nos embarga
Erróneamente catalogamos
Nuestras vidas como amarga

Nos mentimos a sí mismos
Sin aceptar responsabilidad
Que las malas decisiones
Son nuestras y de nadie más

Y cuando nos piden cuentas
De los errores cometidos
Simplemente respondemos
Que son cosas del destino

Esta es sólo una excusa
Que en verdad no justifica
Que aquel camino recorrido
Eres tú quien lo edifica

Que no está premeditado
Cual será tu desenlace
Y por más que argumentemos
Destinado nadie nace

Don Nadie

Mi nombre es Don Nadie
Mucho gusto en conocerlo
Mi silueta es marcada
Por la luz del firmamento

Me voy abriendo camino
Entre grandes multitudes
En oriente y occidente
Y en todas latitudes

Con los bolsillos vacíos
Sin ninguna posesión
Nada he traído conmigo
No tengo preocupación

Aunque quizás anónimo
Soy por todos conocidos
En toda ciudad y pueblo
Es donde yo resido

Aunque mis líneas faciales
Parecen ser diferentes
Soy la misma persona
En muchísimos ambientes

Yo soy el jornalero
Que arduamente trabaja
O el que empuja su carreta
Por ciudades y barriadas

Quizás sea el que labora
En industria o factorías
O el que le corta la carne
Allá en la carnicería

También le hago los tacos
Los burritos y tostadas
La comida que yo hago
Es por muchos saboreada

Soy honesto y confiable
Soy humilde y sin envidia
Lo que gano con mis manos
Lo consume mi familia

Vivo con otros como yo
Que a los suyos han dejado
Para buscar fortuna
En este país lejano

Pasé hambre y soledad
Y mi aspecto no he cuidado
Sin mi Vieja, ni mis hijos
Es lo que he sacrificado

Mi nombre es Don Nadie
Pero antes de despedirme
Le quisiera preguntar
¿En que pudiera servirle?

Donde es Pecado ser Joven

En Salvador hay una guerra
Que se libra dondequiera
No de un enemigo externo
Que amenace sus fronteras

Es un movimiento interno
De conducta y actitud
Y arremeten a la fuerza
En contra de la juventud

Se respira altercación
Con violencia en sus miradas
La sangre joven y preciosa
En las calles es derramada

Todo por no someterse
A ideología mal fundada
Que no trae beneficios
O que sea evidenciada

Cuando encuentran a un Cipote
Que les pone resistencia
No lo piensan ni una vez
Y exterminan su existencia

Y el quebranto de las madres
Se escucha en los vecindarios
El ser joven en sí mismo
Se ha tornado muy precario

La flor de la vida misma
No es la época de oro
Que según dijo Darío
Sería el "Divino Tesoro"

Las salidas escolares
Es donde su presa encuentran
Bien los matan en el acto
O a la fuerza los secuestran

Las madres no están seguras
Si el fruto de sus huertos
Regresara a casa con vida
O los enviarán ya muertos

Y las familias enteras
Sufren en "El Pulgarcito"
En unos días los regresan
Picados en pedacitos

Encerrados en sus casas
Tiemblan a causa del temible
Cuando salen a la calle
Hay que hacerse invisible

Es significativo
Que con vecinos haya paz
Pero aún entre nosotros
Nos matemos sin piedad

Primero en guerra civil
Ahora por jóvenes armados
No nos hace falta nadie
Para ser exterminados

¿Dónde queda la conciencia
Y el amor hacia el paisano?
¿Dónde esta el amor a Dios
Y el respeto al ser humano?

El nombre de "El Salvador"
Pudiera ser deceptivo
Donde es pecado ser joven
En el tiempo en que vivimos

Y mientras siga la marcha
Hacia lo autodestructivo
No iremos hacia adelante
En mi Salvador querido

Dueños de la Inocencia

Dueños de la inocencia
Aún con falta de cariño
Así se puede resumir
Lo que significa un niño

En sus ojos no hay malicia
Ni en su corazón maldad
En su mente no hay mentira
En sus labios hay verdad

Es el rey de la energía
Es alegre y bullicioso
El juego es su compañero
Es su mundo todo es gozo

Es de conciencia frágil
Limpio y muy delicado
Sus bolsillos están rotos
Aún así, es muy honrado

Pues no tiene posesiones
Es totalmente dependiente
No tiene preocupaciones
Que disturben cuando duerme

A padres traen alegría
Preocupación y desvelo
Pero a estas criaturas
Dios los cuida desde el cielo

El Granjero Agradecido

En el charco está la rana
En el árbol la serpiente
Y se arrastra velozmente
Por el suelo la iguana
El marrano y la marrana
En el corral se divierten
En el lodo felizmente
Despiertan en la mañana
El lagartijo en la rama
El perro detrás del gato
Y cua cua decía el pato
Y en la charca se bañaba
El buey y la vaca estaban
Allá en la serranía
Y el caballo corría
Mientras el gallo cantaba
Su granjero los miraba
Con satisfacción y orgullo
Que todo esto fuera suyo
El agradecido estaba
Y las gracias promulgaba
A Jehová que está en los cielos
Por darle este bello suelo
Aunque no merezca nada

El Amo y su Perro

La relación que tiene el perro
Con su amo es singular
No con muchos en la tierra
Se pudiera comparar

Son especies diferentes
Pero tienen amistad
Muy bien ellos se comprenden
En tiempos de soledad

Con el chiflido de su amo
Corriendo viene su can
Magnética es su atracción
Como un hierro a un imán

Todo es juego y afecciones
Aunque el perro no hable
Se entienden a perfección
Aunque su amo no ladre

Pero su sentir innato
Que yacen en sus adentros
Ellos pueden percibir
Si están tristes o contentos

Por caminos en el campo
El perro al lado camina
De su dueño y compañero
Que lo entrena y lo domina

Y si juntos el peligro
Enfrentaran algún día
El perro hasta su sangre
Por su amo derramaría

Sus vidas no son medidas
Con el mismo calendario
Y el hombre es aun joven
Cuando el perro es un anciano

Aun así son los momentos
De placer y de alegrías
Lo que da significancia
A sus vidas compartidas

El anillo desteñido

El anillo que me diste
Como símbolo de amor
Su diamante reflejaba
Mil destellos en fulgor

Un momento inolvidable
Indelebles en mi historia
Aun los años no han podido
Borrarlos de mi memoria

Todavía aun conservo
Su metal ya desgastado
Y su círculo invisible
En mi dedo esta marcado

Es residente perpetuo
De mis manos ya arrugadas
Que en sus tiempos juveniles
Acariciaban tu cara

Ahora soy una ancianita
Con recuerdos no olvidados
Con lúcida mentalidad
En un cuerpo estropeado

Y en las luces aún visibles
Del diamante luminoso
Veo trozos de mi vida
Ya pasado y distancioso

Solo quedan los recuerdos
Y mi anillo desteñido
Con un ser aun entregado
Al amor de mi querido

El Artista Sin Igual

Entre el mar y las estrellas
Con su pincel el pintor
Al cielo con elegancia
Con azul le dio color

Con colores distintivos
A las flores dibujo
Con pétalos y fragancias
En contraste diseño

Y lo blanco en la pantalla
Pronto desapareció
Remplazados por un cuadro
Que el artista apreció

El obrero con materias
A los ríos encausó
Y las aguas turbulentas
A sus límites llego

Con su martillo y cincel
Los montes edificó
Esculpidos con las piedras
Y con barro revistió

A los árboles frondosos
Dio frutos en variedad
Con tamaños infinitos
Ricas al paladar

Y los vientos jugueteaban
Por sus ramas al pasar
Como baile en sincronía
En secuencia singular

Como científico añadió
Épocas que controlaban
Toda la temperatura
De este bello panorama

Y las lluvias con sus aguas
Alimentaban los suelos
Toda cosa aun viviente
Dependía de los cielos

Con lumbreras dando luz
En penumbra y en mañana
En el mar el movimiento
De mareas bien templadas

Como físico dio vida
A todo animal e insecto
Que se mueve por la tierra
Por el mar y por los vientos

Vida que se sostuviera
A la creación alimentara
Con su suelo revestido
Y por yerbas alfombradas

Usando todas las leyes
De química y agronomía
La gravedad y el magnetismo
Y campos de astrología

En la calidad de Padre
Al humano dio razones
Creando al hombre del polvo
Echando aire en sus pulmones

Dándole una compañera
Que sería su complemento
Y que juntos cultivaran
Este mundo tan perfecto

Esta fue la creación
Que puso el toque final
Y que dan un testimonio
De Este Artista sin igual

El Barquito Valiente

Que bonito eres barquito
Que en las aguas tú navegas
Que bonito te deslizas
El viento llena tus velas

Corre, corre mi barquito
En el mar amplio y profundo
Corre, corre mi barquito
Que recorres todo el mundo

Navegando en lo soleado
El viento sopla a tu favor
El cielo te va acariciando
Que bonito es tu color

Los cielos decorados de aves
Su acompañar es sin fin
Mientras en las azules aguas
Va zambullendo el Delfín

¿Son estos los momentos
Que repites en tu mente?
¿O acaso es el mal tiempo
Que siempre parece presente?

Navegas por mal tiempo
Con fuerza y determinación
Que ni cielos negros, ni truenos
Inunden tu corazón

El agua salada y el sol
Quizás destiñan tu pintura
Pero de ti no quitaran
Toda tu linda hermosura

Navega con valentía
A tu destino llegarás
Y hacia un lado de la playa
Justo allí me encontrarás

El Camino del Amor

Dame tu mano y caminemos
Por caminos no explorados
Descubriendo los senderos
De los campos a tu lado

Nos iremos mano a mano
Apoyados al caminar
Y los pájaros que vuelan
Nos deleiten al cantar

Que sea el brillo de tus ojos
La luz que me ilumina
Que el amor que está en mi pecho
Se desborde en las colinas

Que tú esencia de mujer
Con su elixir embriagante
Añada dulzura a los besos
Que deposité en tu semblante

En direcciones paralelas
Y destinos congruentes
Seré como río que fluye
Y te baña con sus fuentes

En la existencia infinita
Seré un sol en tus cielos
Tú serás para mi luna
Con sus blanquitos destellos

En el camino del amor
Dejaremos nuestras huellas
Nuestro vergel iluminado
Por la luz de las estrellas

Soñolientos en los brazos
De un amor eterno y bello
En marcadas apariencias
Estampadas como un sello

Como uno viviremos
Existencias comunales
Vidas conmensuradas
Pero en todo inmensurables

Con el verdor de los campos
Y con el color de las flores
En acuarela se pinten
Con amor los corazones

El Ciego

Cuantas veces he mirado
Hacia la luna y estrellas
Y en mi mente figurado
A una soñada mujer bella

Me la figuro bailando
Con un clavel y una rosa
Muy afinado es su paso
Su sonrisa es muy hermosa

Su aroma es embriagante
Y sus ojos son coquetos
Su pelo es muy brillante
Su menear es inquieto

Que hago para tomarla
Su amo quisiera ser
Daría lo que fuera
Para poderla obtener

A mi lado he tenido
A alguien por mucho tiempo
Que a través de los años
Le he venido conociendo

Entre muchas cualidades
Ha sido fiel y sincera
En las buenas y las malas
Ha sido buena compañera

Mis ojos de pronto vieron
Lo que a mi lado había
La mujer de las estrellas
Por años conmigo vivía

Que ciego yo me encontraba
Por no ver lo que tenía
Haber pasado por alto
Lo que a mí pertenecía

Ahora la luna y estrellas
Han perdido su fulgor
Porque en mi casa yo tengo
La que es dueña de mi amor

El Experto Inexperto

Soy producto de mi tierra
Donde los zorzales cantan
En los montes de mi tierra
Verdes como la Esmeralda

Y en mi carita de niño
En mis ojos inocentes
Miro hacia el horizonte
Que me invita persistente

Tu llamado es percibido
Por mis adentros hambrientos
Pero soy un deficiente
Jovenzuelo e inexperto

Con el tiempo el horizonte
Finalmente hizo una mella
Y partí por los caminos
Como una fugaz estrella

Buscando ansiosamente
Experiencias en mi vida
Y las calles recorría
Como ruedas en tranvía

Y la luz del farolito
Que ilumina a los viajeros
Y que aguarda en las ciudades
A todo los extranjeros

A mí me da la bienvenida
Como si fuera un viejo amigo
Iluminándome el sendero
A rumbos desconocidos

Al deseo y los amores
Me entregue sin condiciones
Probé lo dulce de la vida
Y también sus sinsabores

Me amaron y di amor
Me traicionaron y traicioné
Y para librar la lucha
Me golpearon y golpeé

En los escollos de la vida
Siempre buscando la salida
Y adquiriendo un arsenal
De experiencias destructivas

Ya muy viejo y agotado
Y sin ninguna posesión
Soy experto en demasía
Sin un calido rincón

Hago memoria de mi tierra
Del inocente niño aquel
Que aunque lo tenía todo
No alcanzaba a comprender

Que es mejor ser inocente
Que mala vida uno vivir
Y cargar mucha experiencia
Sin lugar a donde ir

Como ave que ha partido
Y en otras tierras ha invernado
Al inexperto gorrioncillo
La experiencia lo ha dañado

El Hombre dentro de Mí

En mis años juveniles
Donde radica el esplendor
Era fuente burbujeante
De belleza y de vigor

Eran años excitantes
De amores y de aventuras
Con sonrisa rebosante
En mi blanca dentadura

Caminaba por doquiera
Con pasos apresurados
Todo era importante
Y era muy solicitado

No me dolía ni un pelo
De mi frondosa cabellera
Trabajaba como un mulo
En la condición que fuera

Ahora me miro al espejo
Y veo rotunda figura
Parezco delicioso dulce
En una fea envoltura

Las arrugas parecen
Haber hecho residencia
En una cara que el tiempo
No le ha tenido clemencia

Mi cuerpo yace enfermo
Con muchos años encima
Para cada enfermedad
Tengo una medicina

Pero aún en mi late
Un joven corazón
Que no sabe ni de arrugas
Y al tiempo no da razón

Todavía en mi memoria
Radica aquel hombre fuerte
Aunque en verdad a este viejo
Sólo le espere la muerte

El Milagro de La Vida

Comencé como incompleto
En el organismo humano
En conjunto un ser viviente
Por Jehová fui diseñado

En tamaño más pequeño
Que cabeza de alfiler
Con los genes encausados
Como herencias en mi ser

Y mis órganos progresan
Según planos magistrales
Trabajando en conjunto
Según mis necesidades

En canapé protegido
En el vientre de mi madre
Nutrientes que se filtran
Por las vías umbilicales

Cuando el termino preciso
Se cumple en el calendario
Yo despierto cual coloso
Causando dolor y agravio

Y mi madre se retuerce
Con dolores de agonía
En las nalgas se me pega
Y reacciono en gritería

Totalmente ensangrentado
Como guerrero herido
Pero que valientemente
Honor y patria ha defendido

Acompañado por la trauma
Traigo un mundo de alegrías
Y mis padres este evento
Recordarán toda su vida

En el mundo hago mi entrada
Como humano dependiente
Con pocas habilidades
Aun así, vivo y conciente

Respirando por mi mismo
La luz entra en mis pupilas
Doy testimonio veraz
Del milagro de la vida

Y en los brazos de mi madre
Donde estoy acurrucado
Yo me siento como un rey
Que su pueblo ha entronizado

Todo ojo se dirige
Hacia mí con atenciones
Con sonrisas y piropos
Y besitos de a montones

Aunque la vida con furia
Fabrique y cree adversidades
Son reglas establecidas
En este mundo de ansiedades

La existencia, don gratuito
Que en verdad no merecemos
Un regalo obsequiado
Con genuino amor sincero

Aun contra enfermedades
Y el peligro que me acosa
Pero con todas mis fuerzas
Sobrevivo a toda costa

Ha llegado, aquí estoy
Dios alumbra mi camino
Con miras a eternidad
Es mi meta y mi destino

El Pirata de Tu Amor

Soy pirata que en los mares
De tu corazón navega
En las noches yo me guío
Por la luz de las estrellas

Con mi nave equipada
De mi puerto yo he salido
Para conquistar tu amor
De eso estoy muy convencido

Serás mía cuando el sol
Nos deslumbre en la mañana
Te encontrarás en mis brazos
Acurrucada en mi almohada

Impregnarás tú mi ambiente
Con tu aroma femenino
Serán brújula invisible
Que marcarán mi destino

Como nave aún perdida
Que en tu mar ha naufragado
Correré hacia tus brazos
Como un loco atormentado

Agua fresca beberé
De tus fuentes desbordantes
Y mi alma saciaré
En pasiones delirantes

El pirata de tu amor
Anclara en tu malecón
En el agua azul y verde
De tu tierno corazón

Ya no habrá más comandantes
Que naveguen en tu mar
Serás mía aun por siempre
Y por toda eternidad

El Sabio

Los granitos colectaba
En los campos de la vida
Y contento me encontraba
Monte abajo y monte arriba
En subidas y bajadas
Ocupado me encontraba
Y los sacos muy llenitos
En el almacén estaban
Como me regocijaba
Y por mano del Bendito
Aunque sólo era un Cachito
Un pedacito, casi nada
Pero no estaba enterado
En el calor de la jornada
Que todo el duro trabajo
Se perdía y desperdiciaba
Por esos que roban pan
En sus frentes no hay sudor

Que buscan la vida fácil
Desconociendo el pudor
No saben doblar el lomo
Trabajar de sol a sol
Esforzarse en la vida
En el frío y en el calor
Tuve una gran decepción
Porque de mi se aprovecharon
Y aunque no soy un tonto
Así fue que me tildaron
Pero hay que vivir alegre
La vida en verdad es corta
Para andar diferenciando
Si era flaca o era gorda
Cada cual rendirá cuenta
De las acciones cometidas
Mientras tanto buscaré
Lo mejor en esta vida

El Trapecista

Soy un hábil trapecista
Que me desplazo en lo alto
En peligro está mi vida
Al tirarme en cada salto

La escalera hecha de soga
Subo en cada función
Sin saber si esta será
Mi última presentación

Mi vestido de lentejuela
En las luces se destella
En lo alto de la carpa
Parezco brillante estrella

Una sonrisa nerviosa
Despliego a la multitud
Todos ellos muy ajenos
De disfrazada inquietud

En mis venas parpadea
Exceso de adrenalina
Y mi cuerpo se sondea
Con chorros de hemoglobina

Al agarrar el trapecio
Sucede algo sorprendente
Mi cuerpo se sincroniza
Precisión entra en mi mente

Como talentoso artista
Como un gran bailarín
Me deslizo y doy piruetas
Como celestial serafín

Parado el público aplaude
En gritos de aprobación
Para mi habrá otro día
Para una nueva function

En Acuerdo y Desacuerdo

No se puede subir para abajo
Ni tampoco bajar para arriba
Ni encontrarle la salida
A lo hermético cerrado
Recibir del que no trajo
Ni caminar con la cabeza
Ser plebeyo y ser realeza
Tampoco brincar acostado
Observar con ojos cerrados
Y ver sin estar presente
Poder pensar sin la mente
O ver lo redondo cuadrado
Cobrar si no has laborado
Ni ver un feo bonito
Ser flaco y ser gordito
Ser pobre y adinerado
Ser ladrón y ser honrado
Ser muy lento y muy veloz
Mirar la hora del reloj
Si reloj nunca has comprado
Estar preso y liberado
Con hambre y con panza llena
No puedes ver una ballena
Si esta se encuentra vacía
Y aunque no te conocía
Con mis rimas animadas
Espero me hayas entendido
Aunque no me entiendas nada

Medidas Consumidas

En cantidades y cúbicos
En sentimientos y medidas
Y hasta el agua en su cúspide
Son todas ellas consumidas

El líquido que se expone
A altas temperaturas
Poco a poco va hirviendo
Y se eleva a las alturas

En total es consumido
Cambiando su composición
En un gas se ha convertido
Blanca niebla en ascensión

Aun el metal más duro
Que se expone a la fricción
Con un ruido que ensordece
Echando chispa en quemazón

El olfato se percata
El humo negro testifica
Se despide consumido
En su tóxica partida

Pero el amor es diferente
En el ápex de su ascendencia
Este no parte dejándonos
Sin ninguna evidencia

Es más bien en su consumo
Donde radica el esplendor
Donde crece y se eleva
Y nos envuelve en su fulgor

Y en sus consumidos restos
Nos quedamos aún perplejos
En su medida consumida
Tenemos más que en el comienzo

El sentimiento del amor
Copioso como el rocío
En su consumir completo
Nos deja más llenos que vacíos

Sus efectos son eternos
Con su broche sempiterno
En corazones aún repletos
De sus consumados restos

En entradas y salidas se me fue la vida

En la existencia me aparezco
Para mi presentación
Y mis nervios se preparan
Para toda conmoción

En el campo mundanal
Sin taquilla hago mi entrada
Me deleito en la atención
Que despierto en mi llegada

En cobijas de peluche
Salgo yo del hospital
Y mi madre me conduce
A lo que será mi hogar

Instruido con diligencia
Hasta se me enseña hablar
Y muy pronto otra salida
Tendré yo que efectuar

En la escuela me presento
Donde entro ineducado
Al tiempo salgo sonriente
Con un diploma en mis manos

Incursiono competente
Entrando al campo laboral
Salgo viejo y retirado
Con el seguro social

Entrado bien en la vejez
Cumplo lo de mi esperado
Saliendo de mi jornada
Con achaques y encorvado

Ya con mis ojos cansados
Un poco faltos de vista
En mi mente reflexiono
Las experiencias vividas

Contemplado ya el final
Me doy cuenta que mi vida
Poco a poco se me fue
En entradas y salidas

En mi lecho de partida

En un lecho agonizante
Donde la vida se escapa
Donde vale mas un segundo
Que todo el oro y la plata

Aquí yacen mis temores
En el fin de mis andanzas
En mi mente así cavilan
Los ecos de mi añoranza

Una vez yo fui tormenta
Que con furia golpeaba
Aunque ahora sólo queda
La tristeza en mi mirada

He llegado hasta el fin
De mi larga trayectoria
De mil experiencias vividas
Que recorro en mi memoria

Si hice bien o si hice mal
Si buen padre o buen esposo
Los recuerdos yo medito
En mi lecho de reposo

Pero en realidad ya es tarde
Para apuntar con el dedo
Y poder yo corregir
Los antiguos desarreglos

Ya la historia está escrita
No se vuelve al pasado
Lo que vale realmente
Son los buenos resultados

En los últimos momentos
Lo único que nos consuela
Es que se expresen de nosotros
Con cariño por doquiera

Que dejamos una herencia
Logrados en matrimonio
En ojos de nuestros hijos
Brillen como un testimonio

Ya mis últimos suspiros
A Jehová le hago mi ruego
Que se acuerde un día de mí
Y en sus brazos yo me entrego

En Oriente y Occidente

En las placidas mañanas
Desaparece el resplandor
De las estrellas nocturnas
Cuando se aparece el sol

El oriente y occidente
Son testigos silenciosos
Del humano en existencia
Sea feliz o congojoso

En las vidas de los ricos
Al que todo se le ha dado
Aun si por esfuerzo propio
Es un ser privilegiado

Se despierta en una cama
Revestida de Satín
Son de piel sus zapatillas
Y de seda el calcetín

El desayuno en la cama
Por sirviente acomedido
Y le lleva su alimento
Reposando aún en su nido

A toda hora del día
Todos a su alrededor
Se esmeran por agradarle
Y siempre darle lo mejor

Su mirada es jactanciosa
Su paladar exquisito
El dinero no es problema
Para su exigente apetito

Pero el mismo sol alumbra
A otra vida en occidente
De uno que yace en el suelo
De un cuarto pestilente

Con cinco hijos y su esposa
Compartiendo el mismo lecho
Con pulgas y sabandijas
Mal nutridos y maltrechos

Y la mosca dando vueltas
Toda la noche constante
Y les roba el descanso
Con su zumbar incesante

En la jornada del día
Nada nuevo nos aguarda
Otro día de penurias
O en riqueza acaudalada

Unos sufren y gimen
Otros nunca han llorado
En un planeta todos viven
Entre lo bueno y lo malo

Es un mundo muy complejo
Coexistiendo en los extremos
Donde el pobre es esclavo
Y los ricos son los dueños

Son condiciones creadas
Que no tienen solución
Para el hombre imposibles
Pero no para con Dios

En tus parpados yo muero

En las pálidas mañanas
De tus ojos me recuesto
Tus pestañas abanican
El amor que por ti siento

Son tus cálidos suspiros
Un delicioso manjar
Y en ellos yo me pierdo
Como barco en alta mar

Es tu piel un terciopelo
Que invita acariciar
Y mis manos se deleitan
Al poderte yo tocar

Tus labios al rojo vivo
Esperan chocar con los míos
Y nuestras aguas van fluyendo
Como el agua de los ríos

En sublime tempestad
Nos unimos de repente
Y llegamos a ser uno
En alma, corazón y mente

Tus cabellos son testigos
Del huracán acaecido
Y tu cuerpo queda inerte
Como pájaro caído

Y quedamos como tierras
Después de un fuerte aguacero
Y con voz casi inaudible
Te repito que te quiero

Y me quedo suspendido
Cual marioneta sin vida
Abrazándote y sin fuerzas
Como un alma abatida

Y en las pálidas mañanas
De tus parpados yo muero
Pero soy hombre dichoso
Porque sé que yo te quiero

Y en tus suspiros renace
Para mí un amanecer
Aunque mueran mis adentros
Sólo tuyo quiero ser

Engañada

De un hueso fuiste creada
Precisamente de una costilla
No tan bajo como el pie
Ni alto como la coronilla

Se te tomó de un lugar
Muy cerca del corazón
Para que tu dueño te tratara
Con cariño y afección

Con belleza indescriptible
Seductora e inocente
Como fruto al paladar
Como luz resplandeciente

Con todos tus atributos
Muy bien perfeccionados
Todo esto lo cambiantes
Por desobediencia y pecado

Pero no sólo te bastó
Con ser tú la única errada
Engañantes a tu esposo
Con tan sólo una mirada

El también se hizo cómplice
De tu injusta rebelión
El Dios Todopoderoso
Les privó su bendición

Del jardín fueron echados
Su entrada fue clausurada
Su camino obstruido
Por espada en llamarada

La tierra fue maldecida
Su fruto ya no les daría
Una prole maldecida
Por su infame osadía

Pero por bondad de Dios
Con su fuerza consagrada
De la destrucción eterna
Tu prole fue rescatada

En Líneas y Paralelos

En líneas y paralelos
Entre lo dicho y lo pensado
Existimos entre muchos
En espacios confinados

Nos sentimos migajitas
Donde se ha cortado el pan
Microscopios organismos
Con un ingenioso plan

Contradecimos los cálculos
De lo pensado y la realidad
De lo posible y lo soñado
Vemos probabilidad

Pero eso no nos importa
Queremos para sí la gloria
En cualquier momento dado
Creemos tener la victoria

Contra fuerzas invencibles
Entramos en una batalla
Sin darnos cuenta que la lucha
Es por muy pocos libradas

En el esquema divino
Del universo infinito
Nuestro mundo es en sí
Un granito chiquitito

Aun ante la majestad
De la imponente creación
El humano se levanta
Sin chispa de intimidación

En líneas y paralelos
Del espacio sideral
Sus logros y sus esfuerzos
Brillan por su majestad

Eres Mía

En lo Claro y en lo oscuro
En cercano y lejanía
En lo llano y lo profundo
Puedo decir que eres mía

Eres mía cuando el sol
Aparece en le horizonte
Eres mía cuando sus rayos
Deslumbran tus verdes montes

Eres mía en el día
Donde todo es agitado
Eres mía en las noches
Cuando me acuesto a tu lado

Cuando problemas azotan
Y me pegan como piedras
Mis brazos extiendo a ti
Y me aferro como hiedra

Eres tú la compañera
Mi dama maravillosa
Eres luz que me despierta
En mañanas deliciosas

Soy tu dueño soberano
Que como conquistador
He plantado mi bandera
En tus valles de esplendor

Como el agua que te baña
Y tus tierras fertilizan
Mis amores te cultivan
Y mis manos te acarician

Serás mía hasta el fin
De tiempos inmensurables
Donde no habrá fin alguno
De mi amor interminable

Eres

Eres árbol que en tus tiempos
Tus adentros derramaste
Germinando en tierra fértil
Las semillas que aportaste

Eres en el firmamento
Gran silueta dibujada
Estampa de un árbol fuerte
Un deleite a la mirada

A través de muchos años
Te has erguido cual coloso
Otorgando maravillas
Con tu esplendor verdoso

Eres sombra que en el suelo
Brindaste albergue refrescante
En días acalorados
Distes alivio al caminante

Has soportado tempestades
Con sus truenos y sus lluvias
Y los pájaros del cielo
Bajo tus ramas se refugian

Ahora eres árbol viejo
Pero con capacidades
Más valioso que al principio
De tus tiernas mocedades

Y en los planos existentes
De botánico sanjuar
Eres indudablemente
Inconfundible y sin igual

Y retoños que ahora crecen
Que de ti han emanado
Quisieran poder dar un día
La sobra que tú has otorgado

Flores

Margaritas amarillas
Rosas al rojo vivo
Con colores y fragancias
Que despiertan los sentidos

Salpicando en nuestras mentes
Recuerdos y sensaciones
Y las flores nos infunden
Al amor y las pasiones

Los colores sólo añaden
Contemplaciones deseables
Y su aroma nos invaden
Nuestros orificios nasales

Y sus pétalos tan suaves
Como el mismo terciopelo
Su alimento es el Sol
Y la lluvia de los cielos

En ocasiones especiales
Las flores están presentes
Y son tiernos los cariños
Que comunica al recipiente

En los logros personales
En academias y colegios
En esta ocasión de la vida
Se dan claveles con aprecio

En matrimonios dan realce
A la recepción y boda
Pero la flor más bella
Es la enamorada novia

Bien expresan el amor
A la novia y esposa
En colores deslumbrantes
Aparecen Rosas Rojas

Aun en tristes funerales
Rosas blancas se presentan
Con familias se conduelen
Por la vida que se ausenta

Que se acuerdan con cariño
Y que siempre están al tanto
Condolencia expresada
Con hermosos Lirios blancos

Son las flores aun lo tierno
Que reside en los adentros
Y que dan a conocer
Nuestros tiernos sentimientos

Regala flores en ocasiones
En euforia y en quebranto
Que acompañen alegrías
Y hasta en lágrimas de llanto

Gracias

Gracias es una palabra
Mundialmente conocida
Cuando la ocasión requiere
Es por muchos repetidas

Pero aunque es propicio
En ocasiones pronunciarla
Su presencia puede ser
Completamente olvidada

Es algo que uno da
Sin que no le cueste nada
Se sirve con una sonrisa
Y una alegre mirada

Es señal de gratitud
De que tenemos presente
Ese bien que se ha mostrado
Tan diligentemente

Muestra mucha educación
Que somos civilizados
Que tenemos antecedentes
De haber sido bien criados

Porque por nosotros piensen
Damos gracias desde lejos
Puede ser que a nuestros padres
O quizás a los abuelos

Sólo tiene siete letras
Pero es muy poderosa
Tu vida adorna y perfuma
Como una bella Rosa

No la dejes de decir
Con gratitud y constancia
Y tu vida no se llene
De falsedad y arrogancia

Holocausto

Corrían los años treinta
En el estado Alemán
Ahí vivía la descendencia
Del Israelita Abrahán

Lejos de su tierra amada
Criaban hijos y trabajaban
La populación Judía
Vivían y comerciaban

Todo parecía tranquilo
En pobres ghettos judíos
Pero sus vidas cambiarían
Por un ideal corrompido

Hitler subió al poder
Con su plan descabellado
Que todo judío del mundo
Debería ser exterminado

Con retórica torcida
Y argumentos mal guiados
Puso en marcha destrucción
Con armas, tanques y soldados

Entraron en barrios pobres
A la fuerza desalojando
A todo hombre y mujer
Niños y hasta los ancianos

Si alguno ponía resistencia
Al momento ejecutaban
Sin piedad y ferozmente
Como bestias se lanzaban

Conducidos en vagones
A campos de concentración
Para liquidación humana
Sin la menor compasión

Conducidos a edificios
En masas y amontonados
Y con gases venenosos
Fueron todos asfixiados

Es sumamente increíble
A lo que el ser humano ha llegado
Obliterar la propia vida
Con cimientos mal fundados

Basados en el color de piel
En el lenguaje o en la raza
Persiguiéndose a sí mismo
Como un animal de caza

El Holocausto quedará
Como un hito distorsionado
Como el hombre enloquecido
Se olvidó que era humano

No podremos arreglar
Los errores cometidos
Pero sí aprender de ellos
Y no volver a repetirlos

Que el amor lo puede todo
Y derrumba las barreras
Levantadas por el hombre
Y que a todos nos segregan

Que no podemos dirigir
Ni siquiera nuestros pasos
Orientarnos en Jehová
Para no hacernos pedazos

Cuidando nuestro planeta
Por una prole responsable
Y viviendo para siempre
Por toditas las edades

Hombre Moribundo

El humano ha buscado la grandeza y no ha encontrado
En busca de lo oculto y el pecado lo ha alcanzado
Ha corrido y caminado y sus frutos han segado
El dolor y la tristeza a su paso han dejado

Con su prole condenada y la muerte asegurada
Por seguir un mal camino han caído en la emboscada
A su paso la justicia ha quedado abandonada
Van pasando a sus hijos experiencias amargadas

No miran en el espejo reflejante y cristalino
Que su Dios ha proveído como guía a su destino
Lo han desecho y han tomado los diferentes caminos
Que los hunde y los tritura en un proceder prohibido

Abre la ventana y mira en el cielo tornasoles
En el campo como giran los preciosos girasoles
Que con pétalos pintados y de amarillos colores
Creados por un Dios que mereces que tu adores

Detente por un segundo errante hombre caminante
Como la hormiga trabaja aunque no tiene comandante
En su ardua trayectoria no va con camino errante
En línea derechita va la hormiga con aguante

En las noches los coquíes cantan unidamente
Y luciérnagas alumbran escenarios relucientes
Para el deleite de todo ser humano viviente
Que no mira lo que existe aunque lo tiene de frente

En academias y colegios han buscado vocaciones
Van a la iglesia el domingo y hacen sus oraciones
Porque piensan que cumplen con Jehová obligaciones
Pero es hipocresía pues no hay fe en sus corazones

¿A donde llegará el hombre con tanta maldita malicia?
Hay abundantes bendiciones pero el las desperdicia
Sus caminos son trillados por su innata codicia
Es doloroso su paso pues caminan de rodillas

El camino que se traza no es para los más veloces
Que con pies apresurados comenten actos atroces
Que colectan con su furia al prójimo con sus hoces
Es el único camino que en su vida el conoce

Mira hacia arriba y no caigas en el abismo profundo
No te dejes engañar por las cosas de este mundo
Que a tu vida en esta tierra no extenderías ni un segundo
Que Dios se apiade de ti pobre hombre moribundo

Invisible Benefactor

Soy el aire que respiras
Por tus pulmones abiertos
Que te mantiene existente
Que te mantiene despierto

Soy el que a tu cuerpo inerte
Da toda su función
Que a la sangre de tus venas
Da toda propulsión

A tu cerebro doy fuerza
Sinopsis es convertida
En razón y pensamiento
Que da sentido a la vida

Invisible y silencioso
Que parece inexistente
Indispensable a la flora
La Fauna y el ser viviente

Mi materia son dos gases
Unidos a perfección
Con un balance exacto
En toda su composición

El Nitrógeno es un gas
Con múltiples propiedades
Evidente en la creación
Su presencia indispensable

Con su fiel acompañante
Al Oxígeno se une
En una intrincante mezcla
A la animación infunde

En la atmósfera se encuentra
Como nuestros protectores
Imposible es la vida
Sin estos gases salvadores

Aunque no los puedas ver
Sí se encuentran muy presentes
Usado a cabalidad
Por el Dios Omnipotente

La Bella Primavera

La belleza de la primavera
Es dificil de comprender
Es un periodo hermoso
Donde se vuelve a nacer

Cuando los desnudos árboles
Echan hojas y dan frutos
Lo verde de su espesura
Es lo más que yo disfruto

Los pajaritos cantan
Al ver todo revestido
Con pajita en sus piquitos
Para construir sus nidos

En un mundo de alegría
Con las flores en destello
La frescura de las lluvias
Alimenta así los suelos

Las ardillas y venados
Paren sus lindas crías
Juguetones y curiosos
En un mundo de alegría

Los frescos vientos acarician
Nuestros rostros con ternura
Y nos llenan los olfatos
Con aromas de dulzura

Con belleza indescriptible
Como un tapiz bordado
Que nuestro Dios ha creado
Para disfrute del ser humano

La Cajita de Cenizas

Depositada en mis manos
Fue entregada una cajita
Su contenido era valioso
Pues contenían tus cenizas

Todo lo que tú fuiste
En tu preciosa vida
Cupieron en el espacio
De esta caja reducida

Por un fuego abrasador
Tu físico fue destruido
Y cenizas solo quedan
De tus restos consumidos

Pero tus ojos oscuros
Y tus cabellos plateados
Tu bella sonrisa de niña
Nunca serán olvidados

Viven dentro de mí
Aunque ya no te contemple
En mi mente aún recuerdo
Tu carita sonriente

Aunque tus restos son pocos
Fueron muchas alegrías
Has dejado en tu partida
Una inmensa legacía

Hoy tus hijos te recuerdan
Y reflejan cualidades
Que tú implantaste en ellos
Desde sus tiernas edades

Tu calor y buen humor
Siempre tendremos en mente
Como lloro madre mía
Que de mí tú estés ausente

Como te recordare
Mi preciosa madre mía
Aunque no estés a mi lado
Te recuerdo cada día

Tus restos yo llevaré
A aguas esplendorosas
Volarás como paloma
De mis manos temblorosas

Ha llegado ya la hora
Para tus restos llevar
Y lo que queda de ti
Ponerlos a descansar

En riachuelo que corría
Y río abajo se encausaba
Con oración en mis labios
Tus cenizas liberaba

Ellas se fueron filtrando
En el río cristalino
Parecías nube blanca
Que llegaba a su destino

Una nube que perdida
Invadía con su blancura
Con tu luz resplandecías
A las aguas muy oscuras

Así fue que yo entregué
Tus restos al Creador
El polvo volvió al polvo
Tal como Él lo decretó

Allí mismo esperaré
Cuando seas resucitada
Y las aguas me devuelvan
A mi madre tan amada

La Distancia y El Olvido

Siempre van de la mano
La distancia y el olvido
Entre si se complementan
Porque son buenos amigos

Los kilómetros y millas
Parecen afectar la mente
La distancia borra el rastro
De aquel que se encuentra ausente

En un hoyo en la conciencia
De la cual no hay salida
Cavan fosa tenebrosa
Y echan los restos sin vida

Los ojos aportan ayuda
Y su visión aun encubre
Con sus parpados escuda
Porque el que no ve no sufre

Pero la circunstancia y el tiempo
Les hacen mala jugada
Y esta amistad estrecha
Así queda traicionada

La distancia se hace corta
Los ojos retiran cortinas
El enterrado en la tumba
De momento se reanima

Quizás fue una mala acción
O un amor que se traiciona
La justicia no ha olvidado
Y la trae a la memoria

Quedó rota la amistad
De la distancia y el olvido
En esta vida no hay escape
De los males cometidos

Vigilemos las acciones
Hagámonos un buen camino
Porque volveremos a pasar
Por senderos recorridos

La Experiencia no Vivida

El día que me muera
Por salud o por descuido
Ahí llegarán familiares
Y también mis conocidos

Expresaran sus condolencias
Entre todos mis amigos
Y se encontrarán entre ellos
Hasta mis propios enemigos

Para decir verdad
Será un día esplendoroso
Nadie se quejara
De mis errores bochornosos

De mis metidas de pata
Nadie se acordara
En ese día todo el mundo
Serán amigos de verdad

Recordaran las experiencias
Y solo los buenos momentos
Y todo lo agradable en mí
Recordaran en este tiempo

Lloraran y gemirán
Junto a mi mujer y mis hijos
Y quizás algunos lloren
Lagrimas de cocodrilo

Será una bella experiencia
Que en verdad no conocí
Y ahora que estoy muerto
Es que esta viene a mí

Yaciendo inconcientemente
Sin poder experimentar
Este desborde de amor
Y mis errores borrar

Es una ironía
Y una pena que me arde
Que den un canto de pan
Al que ya no tiene hambre

Que al fin sea aceptado
Y que todo el mundo este contento
Que entre en todo corazón
Cuando ya no tenga aliento

Una gloriosa experiencia
Y para otros diseñada
Como un broche que concluye
A mi vida escapada

Y aunque en vida me lamente
Al fin mi alma entrego yo
Al que con faltas y errores
Fue el que siempre me acepto

La Felicidad

La felicidad es codiciada
Por todo ser viviente
Y se ve manifestada
Hasta en niño sonriente

Al comenzar la existencia
Sólo son cosas muy simples
Del que derivamos placeres
Y nos hacen muy felices

Con solo una botellita
De leche nos conformamos
Apretándola muy fuerte
Con nuestras pequeñas manos

Es con muy poco esfuerzo
Que se logra fácilmente
La felicidad es sencilla
Pero muy satisfaciente

En nuestras vidas de adulto
Parece cosa complicada
Aunque pocos la consiguen
Es por todos anhelada

Es como agarrar un pez
Escurridizo y resbaloso
Se discurre de las manos
Su escapar es doloroso

Sin embargo no dejamos
Nuestro intento es vigoroso
Porque el placer que brinda
Es algo maravilloso

Las razones que buscamos
Son iguales comúnmente
Todos queremos lo mismo
Sólo en orden diferente

El amor nos da inquietudes
Sufrimientos y dolores
¿Quién no ha sufrido un día
Por causa de los amores?

Por trabajo o posición
Corren todos en la pista
Con la meta singular
De apuntarse la conquista

Nos seguimos esforzando
Por ese sentir errante
Tan valioso como el oro
Tan preciado cual Diamante

Bien sea simple o complicado
Sea escaso o abundante
Ve tras la felicidad
De buscarla no te canses

La Isla del Encanto

Eres terruño que flota
Como barquita en los mares
Con aroma delicioso
De tus ricos cafetales

Inundada de colores
Con tus montes alfombrados
Y el trino del Zorzal
Es tu Aguinaldo acoplado

El aroma de la tierra
Despierta en el paladar sabores
Que en antaño atrajeron
A grandes conquistadores

En tus cielos El Artista
Blancas nubes ha pintado
Y las palmeras te arrullan
Como amante enamorado

Extranjeros desde lejos
Hacen grandes travesías
Con sus naves pintorescas
Se anclan en tus bahías

El Castillo San Cristóbal
Se levanta cual coloso
Abre sus grandes portales
Como un huésped amistoso

El Yunque espera apostado
Como guardia en su garita
Y como un gigante verde
A sus adentros te invita

Aquí el Flamboyán florece
Y los coquíes en armonía
Cantan en las frescas noches
Como alegre sinfonía

Y tus vientos tropicales
Te abanican cual amada
Esperando a su galán
En una noche estrellada

Y con cara rebosante
El Jíbaro extiende su mano
Saludando al viajero
A quien considera su hermano

Desplegando su belleza
Puerto Rico abre su manto
Y enamora el visitante
Con toditos sus encantos

El viajante en su partida
Prorrumpe en lágrimas de llanto
Al dejar las bellas playas
De Borinquen, Isla del Encanto

La Luna es Mi Compañera

Luna llena, tú que pasas
De noche por mi ventana
Mientras estoy pensando en ella
Recostado en mi cama

Tú que eres mi compañera
En tiempos de soledad
Que atestiguas mi tristeza
Y presencias mi ansiedad

Luna que alumbras mis noches
Con tu blanco resplandor
Conduélete un poco de mí
Brinda alivio a mi dolor

Sonríeme y dame esperanza
Para que no desfallezca
Para no acordarme de ella
Y mi alma se estremezca

No me dejes en lo oscuro
Ven y alumbra mi vereda
Para que mis pies no caigan
En la pasión que me enreda

En mi rostro pon tu luz
Ven y alumbra mi semblante
En mi corazón pon fuerza
Para seguir adelante

Que mis adentros florezcan
Como jardín bien regado
Que encuentre la felicidad
Aunque ya no esté a mi lado

La Nube Perdida

Soy errante nubecita
En el cielo estoy perdida
Ninguna de mis hermanas
Saben de mi partida

No hay agua en mis adentros
Y me siento muy vacía
Muy temerosa me encuentro
A punto de perder la vida

Busco muy alto y muy bajo
Que angustiosa travesía
Pero el viento no me deja
Sopla y sopla todo el día

Cuando a punto me encontré
De perder mi densidad
Allá en el horizonte
Vi una gran oscuridad

Poco a poco yo fui viendo
Eran todas mis hermanas
Que con truenos y rocíos
La bienvenida me daban

Ahora todas somos una
Nunca ya nos separamos
Sobre la tierra muy fértil
Nuestras aguas derramamos

La Oscuridad del Alma

El prejuicio vil sentir
En el corazón humano
Sin razón llegas a odiar
A quien es solo tu hermano

Usualmente es el color
La razón de tal prejuicio
Y a tu prójimo lo odias
Porque te saca de quicio

Se prejuicia contra el negro
Contra el blanco pelirrojo
Y la oscuridad del alma
Se transmite por los ojos

En la era de pensadores
Donde la ciencia manda
Con nuevos descubrimientos
Y la tecnología avanza

Donde se condena la actitud
Del prejuicio a cuatro vientos
Y resistimos su influencia
Por ser políticos correctos

El prejuicio prevalece
En el corazón y mente
Pero el color no es lo único
Para prejuiciar la gente

Existen nuevas maneras
Del llamado estereotipo
Y con solo una mirada
Te desprecian de anticipo

Hoy se prejuicia por género
Esto se ve por doquier
Y el hombre arremete
Con prejuicio a la mujer

En el campo laboral
No les dan su promoción
Y solo por ser mujer
No sube de posición

Los sureños y norteños
Se cortan hasta sus cuellos
Aunque sus antecesores
Son primos allá en sus pueblos

Se prejuicia por ser joven
O ser de días anciano
Por ser pobre y sin recursos
Por ser indio o ser afgano

Y salen nuevas razones
Para lo que parece equitativo
Y así con hierro candente
Ponerte un calificativo

Acaso no comprendemos
Que somos intercambiables
Aunque únicos en sí mismos
Por dentro somos iguales

Que a la vista de Jehová
Todos estamos desnudos
Y al prejuiciar actuamos
Como niños testarudos

Lejos

Lejos de ser el puntito
En el vientre maternal
Soy ahora un niñito
Que corre sin descansar

Lejos de la maldad
De disfunciones personales
Lejos de aprietos económicos
Y problemas emocionales

Muy lejos de la vejez
De los achaques pestilentes
A la vida le sonrío
Y enseño mis blancos dientes

Ahora en la mocedad
Lejos de la vida conyugal
Lejos de griterías
Y del drama teatral

He llegado a ser adulto
Lejos quedó aquel infante
Soy de postura varonil
Y perfiles elegantes

Confianza en mí mismo
En el carro del destino
Con el mundo en mis manos
Soy dueño de mis caminos

He llegado a la edad media
He perdido agilidad
Pero lejos de caer vencido
Y de la toalla tirar

Ahora soy un ancianito
Lejos de hombre aquel
Tengo los ojos cansados
Pero aún con lucidez

Ahora queda sólo el recuerdo
En una mente envejecida
Que están muy lejos de todo
Lo vivido en esta vida

Linda Compañera

Eres una linda estrella
Que del cielo se ha caído
Con tus luces fulgurantes
Y colores encendidos

Tu belleza incomparable
Con destellos de cristal
Con tus calidos adentros
Como larva en un volcán

Sumamente encantadora
Soñoliento es tu mirar
Con tus bellos labios rojos
Riquísimos al paladar

Es tu pelo como Ceda
Tus mejillas algodón
Son tus dientes como perlas
Eres un dulce bombón

Lo moreno de tu piel
Como la rica canela
Tu perfume de mujer
Hierve la sangre en mis venas

Melódicas carcajadas
De tu fina gargantita
Que me adornan los oídos
Como lindas Margaritas

En veinte años vividos
Junto a ti te he disfrutado
Y mi meta en esta vida
Es seguir siempre a tu lado

Lo grato de tu Compañía

Inexplicable definir
Mucho menos descifrar
Lo grato de tu compañía
Sin poner la mente a volar

Quizás es como tener los pétalos
De una flor en mis manos
Y de pronto darme cuenta
Que soy hombre y que te amo

Sentir la brisa refrescante
Que da aliento a mi ser
Que sin ti sería no puedo
Y contigo es poder

Que soy insignificante
Y completamente depravado
Que me siento un gigante
Cuando tú estas a mi lado

Es imposible definir
Y mucho menos explicar
Que es lo que tienes mujer
Que me hace delirar

¿Serán tus labios rojos
Que tanto yo anhelo?
¿O el brillo de tus ojos
y tu lustroso cabello?

Que mi pecho está sin aire
Y como loco busco tu esencia
Que das vida a un cuerpo muerto
Con tan sólo tú presencia

Es imposible definir
Por eso no seguiría
Tratando yo de explicar
Lo grato de tu compañía

Lo Pasado no ha Pasado

El pasado es experiencia
Por el tiempo acumulada
En el baúl de la conciencia
Poco a poco es archivada

Y según se va viviendo
Las memorias son sacadas
Y se vuelven a vivir
Al poder ser recordadas

Y parece que el pasado
Vuelve a estar en el presente
Es el poder maravilloso
Encausado en nuestra mente

El brillo de nuestros ojos
Dan al pasado la gloria
De los sucesos vividos
Y parte de nuestra historia

Son sacadas del archivo
Extraídas del pasado
Y volvemos a vivir
Lo que pareció ser olvidado

De lo triste y lo gozoso
Damos una repasada
Y el semblante bien revela
La experiencia recordada

A esto llamamos recuerdos
De un tiempo ya caducado
Pero luego concluimos
Que lo pasado no ha pasado

Lo Posible del Amor

Lo posible del amor
Al intelecto es imposible
Porque son irrealidades
A la mente incomprensible

Los cariños aun más tiernos
Que evocan compasión
Son ignorados por la mente
Porque son del corazón

Aunque en el mismo cuerpo
La mente y el corazón
Siempre hay disparidades
Entre el amor y la razón

No se puede razonar
Como la madre es feliz
Después que nace el infante
Que ha desgarrado su matriz

Como se puede acariciar
A quien la ha hecho miserable
Echando a perder la figura
De una mujer formidable

Que por unos cinco meses
Con constancia la ha pateado
Maltratándola de adentro
Como si la hubiera odiado

Le ha cerrado las opciones
Y hasta la movilidad
Y en las noches de desvelo
La ha llenado de ansiedad

El sufrimiento pasado
El amor lo ha perdonado
Aunque la mente lleve cuenta
De lo que ha experimentado

Lo imposible a la razón
El amor posibilita
Cosas que la mente encuentra
Simplemente inauditas

Según el niño va creciendo
Con el crece la inquietud
Y su madre lo ama siempre
Aunque cambie su actitud

Llora, sufre y a Dios pide
En sus días de Juventud
A Dios pide de rodillas
Que lo guié con su luz

Y su mano no se cansa
De su tierra cultivar
Y se afana cada día
Por buen fruto cosechar

Y aunque parece imposible
En ratos adelantar
El amor lo hace posible
Y no deja de tratar

Al tener familia propia
Según los años van pasando
Es cuando lo imposible
Se va posibilitando

Y al mirar desde el comienzo
Como el tiempo ha transcurrido
Siente que valió la pena
Y que fue bien invertido

Y en el corazón se alberga
Un amor indefinible
Donde lo imposible ha muerto
Porque con amor todo es possible

Lo que Cuenta es lo que Dejas

Cuando fuimos procreados
Se nos hizo igualmente
Pero al ojo del humano
Somos siempre diferentes

Miramos lo cultural
En que costumbres nos criaron
Que comidas son las nuestras
O que música bailamos

Que ropa nos ponemos
Con que acento es que hablamos
Y por ser del otro lado
Sin piedad nos criticamos

Si creen en Dios o son ateos
Y en que fe fueron criados
Y aunque decimos ser cristianos
Somos unos malcriados

A ese de pocos recursos
Con desprecio los miramos
Porque tenemos más billetes
Nos creemos el cielo ganado

Al hermano inmigrante
A empujones los tratamos
Sin pensar que hasta hace poco
Fuimos indocumentados

Venimos a este país
Y el pelo nos pintamos
Llegamos hasta pensar
Que somos norteamericanos

Es una condición mental
Que nos sintamos por encima
Y querer que todo el mundo
Nos tenga en alta estima

Pero la verdad del caso
Es que si nos quitan el cuero
No se podría distinguir
Entre un blanco y un moreno

Si fue pobre o fue rico
Si albañil o abogado
Y cuando partes de este mundo
No te llevas ni un centavo

Pero muchos no lo creen
Y mausoleos edifican
Para dar honra a sus cuerpos
Donde solo hay cenizas

Queremos impresionar
Hasta muerto al transeúnte
Pero ya no somos nada
Por más duro que se intente

Vivir así es un engaño
Pero lo más inaudito
Es que muramos prepotentes
Justo hasta el infinito

Si nos creemos los mejores
Y es así como uno piensa
Después de todo lo dicho
Lo que queda es lo que cuenta

Mejor deja un buen recuerdo
Una linda legacía
Que todos piense bien de ti
En tu día de partida

Si fuiste bueno o malo
Si egoísta o diste apoyo
El engaño solo dura
Hasta que entras en el hoyo

Los Amantes

Somos muy diferentes
En todos nuestros aspectos
Pero en todos los detalles
Un perfecto complemento

Eres morena, eres fría
Muy tranquila, muy serena
Yo soy claro y muy caliente
Que con resplandor te quema

En ti todo esta dormido
En delirante soñar
En mi todo es alegría
En ruidoso despertar

Nunca estamos cara a cara
Y jamás nos encontramos
Y a pesar de todo esto
Siempre vamos de la mano

Intercambiamos mensajes
Sólo en dos ocasiones
Vienes tú y me voy yo
En opuestas direcciones

Al amanecer te despides
En la tarde es mi partida
Todo un mundo compartimos
En entradas y salidas

En el tiempo indefinido
Somos un hermoso broche
Y seguiremos unidos
Pues somos, el Día y la noche

Los Charros de Mi México

De los charros mexicanos
Que sus rancheras cantaron
Hay algunos especiales
Que nunca serán olvidados

Fueron gente de pueblo
De colinas y de valles
De campos y de ciudades
De caminos y de calles

Una vez De Guanajuato
Salió en veloz cabalgada
Jorge Negrete en su potro
El charro que no se rajaba

Llegaba al corazón del pueblo
Con su 'México lindo y querido'
Y las mujeres desmayaban
Y rodaban por el piso

También salió de Juárez
Miguel Aceves Mejía
Con su singular Falsete
Tirolesa y melodía

Con mechón de pelo blanco
En un pelo negro y lacio
Perecía un gallo pinto
Listo para el espuelazo

Las rancheras bien sonaban
En la voz del Gallo Giro
Así salió Luís Aguilar
Con mariachi de Hermosillo

Como Látigo Negro salía
Con su cara enmascarada
Las muchachas al oírlo
En sus brazos se tiraban

De Colonia Tacubaya
En el Distrito Federal
Salió un día Javier Solís
Con voz espectacular

Fue 'En mi viejo San Juan'
Su canción más conocida
Y su prematura muerte
Dejó a mi gente adolorida

También de Zacatecas
Salió un charro a todo dar
El amado y recordado
El señor Tony Aguilar

Con su espectacular charrada
Demostraba ser jinete
Con Toñito y con Pepito
Y su amada Flor Silvestre

Quien pudiera olvidar
A un verdadero gigante
De Guamúchil, en Sinaloa
El recordado Pedro Infante

A toda maquina vivió
Por las mujeres fue querido
Y del cielo se estrelló
Tal como pájaro herido

Y de Huentitán el Alto
Salio uno de los grandes
El orgullo de Jalisco
El Chente, Vicente Fernández

Sus canciones aun nos llueven
Y no dejarán de llover
Y seguiremos cantando
'Y volver, volver, volver'

Los Siete Magníficos

En tu cuerpo existen
Órganos maravillosos
Juntos trabajan todos
Para hacerte poderoso

Empezamos por los ojos
Que todo lo pueden captar
Mejor cámara fotográfica
Jamás se puede inventar

Nuestros pulmones son
Filtros respiratorios
Donde pasa el oxígeno
Y es filtrado por sus bronquios

Nuestro estómago es en sí
Un mercado abastecido
Frutas, carnes, vegetales
Al cuerpo son distribuidos

Los riñones desempeñan
Una función primordial
Las bebidas que ingerimos
Por aquí suelen pasar

Es el hígado sin duda
Un órgano indispensable
La sangre regula bien
Para hacernos saludables

Es el corazón la pompa
Donde radica la emoción
Una meza de alegría
Del sentimiento, el sillón

Es el magnífico cerebro
Donde radica la ilusión
Ni el famoso Internet
Tiene más información

Cuando en apuros tú te encuentres
Que te duela hasta el codo
Como los siete magníficos
Al rescate vienen todos

Luna Tardía

La luna blanca se tardó
En hacer su travesía
Y las mareas de las playas
Su tardanza afectaría

Y los peces en la orilla
Asfixiados perecían
El retiro de las aguas
Los dejó en agonía

Y la gran ballena azul
De noche no tuvo guía
Y en el vasto mar oscuro
Muy pronto se perdería

Y en la rotación terrestre
Su tardanza afectaría
Y el eclipse con el sol
A cabo no se llevaría

Y el día resplandeciente
Ya tarde acabaría
Y las gallinas de seguro
Muy tarde se acostarían

También tarde el coquí
Su silbido comenzaría
Exasperados en el monte
Para dormir esperarían

Todo este desajuste
Un verdadero desastre
Y todo por que se le ocurrió
A la luna llegar tarde

Luz Nueva en Ventanas Viejas

En antiguas añoranzas
Y en mis rústicas edades
Soy un viejo que divisa
Los floridos barandales

En mi vieja casa miro
Mis recuerdos dibujados
Como luz que abren camino
En mis cielos ya nublados

El apetito por la vida
En mi invierno ha menguado
El banquete de la vida
Poco a poco he devorado

Como recuerdo los tiempos
En perfumadas alegrías
Mi aguinaldo promulgaba
En sonsoneo me divertía

Esos tiempos han pasado
Solo estoy en esta vida
Prisionero de recuerdos
La nostalgia me fulmina

Pero aun experimento
Cosas nuevas yo diría
La sonrisa de mis labios
Aun es nueva cada día

Y el amor que voy sintiendo
Es un nuevo residente
En el castillo medieval
De mi corazón latente

Cosas nuevas en las viejas
Como el vino se fermentan
Y en sus nuevos recipientes
Entre sí se complementan

Por mi mente se vislumbran
Pensamientos aún infantes
Que salen de la matriz
De una madre quejumbrante

En emociones aún nuevas
De experiencias añadidas
De un vejestorio existente
Que aún no la da por perdida

Y en la oscuridad del cuarto
Experimento cosas nuevas
Cuando la luz hace su entrada
Por mis ventanas ya muy viejas

Y aún cuando llegue la muerte
Será una experiencia nueva
Que pondrá fin a todo
Lo vivido en esta tierra

Madre e Hijo

Esta vida que me diste
Que disfruto cada día
Es producto de tu amor
Porque sin ti nada sería

Soy suspiro registrado
Desde tus mismos adentros
Que descansó en tu vientre
Desde mis tempranos tiempos

Ella por él desvivía
Lo cuidaba y lo amaba
Él a ella le pagaba
Con sonrisas y miradas

Madre e hijo han llegado
A ser almas en un mundo
Con amor no mesurado
Ni en lo ancho ni profundo

Con virtudes y destrezas
Complacientes y agradables
Y entre sí sienten el brillo
De comunes realidades

En sus mentes aún grabadas
De experiencias convividas
En las buenas y en las malas
En dolor y en alegrías

Ahora el cuida de ella
En su gloriosa partida
Y en su pecho late siempre
El amor que nunca olvida

Mariposa del Amor

Mariposa vas volando
Y sutil revoleteas
Con tus alas fulgurantes
En los aires jugueteas

Como reina en su trono
En las flores tú te apostas
Con alas abanicando
En los pétalos de Rosas

Eres frágil y bonita
Con un toque de realeza
Complementas los jardines
Con tu delicada belleza

Das realce al panorama
En los campos florecidos
Y el néctar delicioso
Que por ti son extraídos

Que tu volar sea infinito
Que nada detenga tu vuelo
Que acompañes a las flores
En efímeros destellos

Mariposa del Amor
Bello símbolo que encarnas
Que tu presencia embellezca
Los jardines de mi alma

Medidas Consumidas

En cantidades y cúbicos
En centímetro y medidas
Y hasta el agua en su cúspide
Son todas ellas consumidas

El líquido que se expone
A altas temperaturas
Poco a poco va hirviendo
Y se eleva a las alturas

En total es consumido
Cambiando su composición
En un gas se ha convertido
Blanca niebla en ascensión

Aun el metal más duro
Que se expone a la fricción
Con un ruido que ensordece
Echando chispa en quemazón

El olfato se percata
El humo negro testifica
Se despide consumido
En lo tóxico de su partida

Pero el amor es diferente
En el ápex de su ascendencia
Este no parte dejándonos
Sin ninguna evidencia

Es más bien en su consumo
Donde radica el esplendor
Donde crece y se eleva
Y nos envuelve en su fulgor

Y en sus consumidos restos
Nos quedamos aun perplejos
En su medida consumida
Tenemos más que en el comienzo

El sentimiento del amor
Copioso como el rocío
En su consumir completo
Nos deja más llenos que vacíos

Sus efectos son eternos
Con su broche sempiterno
En corazones aún repletos
De sus consumados restos

Mi Bella Isla

Soy la niña más chiquita
De la vista no se pierde
Con hermosas Margaritas
En un mar Azul y Verde

De las grandes soy la chica
De pequeñas la mayor
Soy única y exquisita
Estoy llena de sabor

Las playas que me rodean
Embriagan al visitante
Con belleza indescriptible
Con un sol muy deslumbrante

Puerto Rico es mi nombre
Borinquen es mi apellido
En mis montes hay un canto
Como también un gemido

Muy señora en ocasiones
Mis bellezas coqueteo
Al que viene yo engatuso
Con humilde fandangueo

A mí muchos han escrito
Hermosas composiciones
Baile, plenas y poemas
Lamentos y mil canciones

En la plaza del mercado
Se escucha el laberinto
Donde se venden mameyes
Plátano, Quenepa y Pincho

Isla linda y muy hermosa
Por otra no cambiaría
En ningún otro lugar
Vivir yo consentiría

Mi Casa es mi Mundo

Mi mundo es mi casa
El lugar donde resido
Ahí momentos de mi vida
Más felices he vivido

En estas cuatro paredes
He llorado y he reído
He reído a carcajadas
Y con dolores sufrido

Recuerdos en cada rincón
Vividas a través del tiempo
Proyectadas en mi mente
Que en el corazón yo siento

Aquí he criado a mis hijos
Les he dado amor y aliento
Cuando se han hecho hombres
Los he echados al viento

Aquí mi juventud dejé
Mi fortaleza y vigor
Realicé todos mis sueños
Y todo lo di por amor

Ahora soy un hombre viejo
Que vigilo cada segundo
Por la puerta ya no salgo
Porque mi casa es mi mundo

Mi Negrito Sabroso

Soy negro que te levanta
En hermoso despertar
En mis brazos yo te atrapo
De mí no habrá un escapar

Con la rubia yo me junto
Para hacerte disfrutar
Doy vueltas en la casuela
En mi lento calentar

Con mi aroma yo te embriago
Y tu corazón palpita
A disfrutar a este negro
"Nena, échame la azuquita"

Poco a poco hago mi entrada
Por tu rosada boquita
Y a mi paso dejo rastro
En tu fina gargantita

Este negro está sabroso
De nuevo lo quiero ver
Mañana muy contentita
A prisa me levantare

Para ver a este negrito
Dando vueltas y gozando
Con su rubia de la mano
En mi casuela bailando

Buenas noches mi negrito
Buenas noches yo te digo
En el despertar del alba
De nuevo estaré contigo

Mi Preciado Amor Dorado

Mi preciado amor dorado
Que yo en ti deposité
Que con esfuerzo cuidé
Mientras estuviste a mi lado
Con el sol fue alumbrado
Fulgurando con destello
Era música el resuello
El aire por ti respirado
Y mi corazón enamorado
Desmayaba con recelo
Eran tus ojos los más bellos
Y el olor de tu fragancia
Lo que embriagaban mis ansias
E iluminaban mis cielos
Con tu lustroso cabello
Deslizado a tus espaldas
Eres fílmica añoranza
En mi mente envejecida
Por el tiempo afligida
De quien fuera un día mi amada
Y que vives encerrada
En mi mente todavía

Mi Señora

En tu mundo soy el Sol
Que alumbra tus montañas
Que se refresca en el tenue
Abanicar de tus pestañas

Eres como un planeta
Que orbita mis galaxias
En sincronía y al compás
Y gravitando con mis ansias

A millones de años luces
Puedo distinguir destellos
De las luces que tú emanas
Alumbrándome los cielos

Con reflejo iluminante
En toda tu trayectoria
A mi lado eres digna
De ser llamada señora

El fruto de tu vientre
He segado en la vendimia
Y me obsequias galardones
En el día que te alivias

Mis retoños tú has cuidado
Con delicadeza y esmero
Y a los cuatro vientos grito
Lo mucho que yo te quiero

En tu cuello perfumado
Deposito dulces besos
Y en tus labios exquisitos
Rojos como los cerezos

Mi tiempo a tu lado pasa
Aun con furia y rapidez
Como cometa que pasa
En tu umbral de lucidez

En mis brazos eres suave
Como blancos algodones
Y en el jardín de mi alma
Como bellos girasoles

Me orgullezco de placer
Que seas llamada mi señora
Y que sean tus atenciones
Que disfruto a cada hora

En tus albergues entrañables
Donde aman corazones
Me siento cual pordiosero
En tus cálidos rincones

Residiendo como habitante
Permanente en tus adentros
Sólo yo tengo la llave
De tus tiernos sentimientos

¡Oh señora es delicioso
Ser tu compañero amante
Rescatado de otras tierras
Tal como nómada errante!

Que ha encontrado un Oasis
En el medio del desierto
Y me pellizco a cada rato
Para ver si estoy despierto

Que no es sueño y que es real
Esta vida compartida
Y que de todas las mujeres
Me perteneces y eres mía

Aun por siempre seguiremos
En los caminos trillados
De un amor que yo comparto
Eternamente a tu lado

En el brillo de tus ojos
Se denotan claramente
El reflejo de los míos
Que te miran sonrientes

Tan eternos como el cielo
Claros como manantiales
Tiñendo con azul mi alma
Como los profundos mares

No te extravíes por la pasión

A través de las edades
Muchos se han extraviado
Por la pasión sentida
De un corazón enamorado

Es como sed insaciable
Que agua quiere consumir
Es encuentro de dos seres
Sea en Marzo o en Abril

Pero en muchas ocasiones
La pasión es compartida
Con el ser equivocado
Quien nos deja honda herida

Con tan sólo una mirada
Se puede perder el juicio
Y como potros desbocados
Corremos hacía el precipicio

En todo hombre y mujer
Es deseo que domina
Que en sus venas se penetra
Y su alma contamina

Cuando fijes tu mirada
No lo hagas con empeño
No dejes que la pasión
De noche te quite el sueño

Como espina ensangrentada
Que en el corazón se clava
Por favor ten cuidado
Donde fijas la mirada

Te puede causar ceguera
Dejarte sordo y tartamudo
Torpe y hasta negligente
Terco, vago y testarudo

Además de todo ésto
Te puede quemar el alma
Busca bien tu compañero
Sin prisa y con toda calma

Obras Incomparables

Las obras del hombre son
En cierto modo inconcluidas
No se pueden comparar
Al que instruye desde arriba

El humano ha construido
Formulado y concoctado
Inventado y descubierto
Observado y meditado

Maquinarias en el campo
De su propia ingeniería
Ha surcado el ancho mar
Lagunas ríos y bahías

Han volado en sus naves
Por los cielos y el espacio
En cohetes poderosos
Aun la tierra ha orbitado

Ha querido hacerse Dios
Y dar vida ha intentado
Con físicas establecidas
Y animales han clonado

Pero sus logros no duran
Lo de ayer hoy ya es viejo
Agarra impulso de su ingenio
Y vuelve y tira su anzuelo

Sigue mirando al horizonte
Para saciar su curiosidad
Buscando siempre la manera
De nuevos campos conquistar

El mismo se hace innovador
Se regocija en su creación
Y aunque son muy complicados
No tienen perduración

Constantemente renovando
Lo creado hasta el momento
Con los logros obtenidos
Nunca se siente contento

Sin embargo el nunca puede
Ni siquiera imitar
Lo que Jehová ha creado
Nunca podrá duplicar

Sólo para comenzar
Perduran hasta lo infinito
Nunca hay otro modelo
Más eficaz o más bonito

Su implantación del Ecosistema
Del agua al evaporar
Las nubes tiran agua en tierras
Y también al ancho mar

Nunca hay que renovar
Este sistema sencillo
Funcionando eternamente
Desde que fue establecido

La órbita de los planetas
En el sistema solar
Es un baile en sincronía
Con nada se puede comparar

La fotosíntesis ayuda
Las plantas a florecer
Dan sus frutos en cuantíos
Y al humano dan poder

Se notan en el cuerpo humano
Los relojes corporales
Que permiten la existencia
Del hombre y los animales

Y los cielos son azules
Vasto como el ancho mar
En exacta proyección
Hasta lo pueden retratar

Simples o complicadas
No existe comparación
Lo que el hombre ha inventado
Sólo es una imitación

¡Oh Mañana Gloriosa!

Tintínelas que alborotan
En mañanas friolentas
Con colores me salpican
Mis retinas soñolientas

Con olores refrescantes
Y silencioso alborozo
En su corta travesía
Nos cubre con su reboso

Infunden vida con frescura
A este cuerpo perezoso
Y en lo tenue de su luz
Espera un día glorioso

Y en tu frígido comienzo
Nace la esperanza viva
Y toda cosa creada
Aguarda en expectativa

En lo gris de tus colores
Nace un día esplendoroso
Y en tu infancia nos sonríes
Como niños en retozo

Con tu paso sigiloso
Nos conduces sutilmente
Y dejamos nuestro lecho
Con esquema en nuestra mente

Integrado a los sucesos
De tus vicisitudes
Yo me encuentro deleitado
Dentro de tus latitudes

De cosas aún por venir
En todo lo que tú albergas
Prometedoras realizaciones
Encausadas en tus sendas

Los proyectos se dibujan
Con fundación se proyectan
Y que infunden energías
En mi alma que despierta

Y en las noches muy oscuras
En mi cama yo me acuesto
Esperando tu llegada
Y aguardando tu regreso

Llegarás embellecida
Con tus nubes plateadas
En tu fina coronilla
Que destellan como alhajas

Como dama despojada
En lo claro de la alcoba
Como novia que se entrega
En la noche de su boda

Y mis ojos se abrirán
Y mi cuerpo cobra vida
Cuando tu luz inunde
Lo negro de mis pupilas

¡Oh, mi Mañana Gloriosa!
En tu efímero deslumbras
Más en ti yo aguardaré
Reposando en la penumbra

Pecados Ajenos

Al empezar nuestro camino
En los senderos de la vida
Las circunstancias nos abruman
Desde el punto de partida

Desde que estamos en el vientre
Pueden ser muy angustiosas
La trayectoria emprendida
No será un vergel de Rosas

Los pecados compartidos
Por nuestros progenitores
Te los echan en el lomo
Y ahí comienzan los dolores

Al comenzar la niñez
En verdad eres conducto
De errores cometidos
Y del cual eres producto

Poco a poco te despiertan
Discretas murmuraciones
Los sentidos se agudizan
Al timbrar los sinsabores

Al conocer las realidades
Tu existencia aún maldices
Y con negro panorama
Se han pintado tus matices

Y la rabia nos penetra
Pidiendo a gritos venganza
Y lo amargo de la hiel
Se nos estanca en la panza

Y queremos apuntar
Con acusativo dedo
Por los males cometidos
De un asunto sin remedios

Nos sentimos desdichados
Y sin aire en los pulmones
Porque no valemos nada
Y expresando maldiciones

Y queremos que termine
Nuestra marcada existencia
Y creemos que con suicidio
Castigaremos sin clemencia

Que padres y familiares
Al no tenernos a su lado
Los estaremos castigando
¡Ya verán esos malvados!

Pero en la vida aprendemos
Las lecciones instructivas
Que nos muestran que no es fácil
No fallar en esta vida

Y que todo ser humano
Lleva cargas aplastantes
Que no somos los únicos
Con situaciones extenuantes

Algo que grandemente contribuye
A nuestro cambio de opinión
Es conocer el otro lado
De la antigua situación

Tendremos que conformarnos
Y lograr resignación
Otorgarles al errado
Un perdón de corazón

Sin llevar culpas ajenas
Por ser malo o por ser bueno
Aunque estemos aún cargados
Con los pecados ajenos

Pedacitos

Los adentros de mi padre
En un éxtasis de amor
Todos fueron derramados
Como polen en la flor

Miles de espermatozoides
En camino iluminado
Y como los rayos del sol
Su camino fue alumbrado

De sus miles de pedazos
Sólo uno engendró
La bella flor en capullo
Que mi madre presento

Y la entrega en el idilio
A la flor capacitó
Y poco a poco la existencia
Con dos pedazos comenzó

Pronto eran mil pedazos
Como un rompecabezas
Y no faltaban en mi ser
Ni siquiera una pieza

Estas fueron dando forma
Con un corazón latente
Único como individuo
Pero humano comúnmente

Entramos en la niñez
Y un camino nos labramos
Llegando a la madurez
Como vino fermentado

Si los caminos fueron buenos
O si estos fueron malos
Recogemos un buen fruto
O malo lo recopilado

Y añejado en el barril
De mi cuerpo envejecido
Viviendo de los recuerdos
De lo que en la vida he sido

Expiro dejando atrás
Lo que parece inaudito
En mi fosa sólo quedan
Unos cuantos pedacitos

Piel Canela

Eres rosa que en el campo
De mi corazón florece
Y que añades a mi vida
Un amor que crece y crece

Y mi mano se desliza
Por tu piel acanelada
Y la carne se te eriza
Y se pone acalorada

Tus mejillas se rojizan
Como dormida parpadeas
Tu suspiro es un susurro
Y tu mente se marea

De tu nariz los orificios
Se contraen al respirar
Tal parece que tormenta
Esta a punto de impactar

Y tu furia con la mía
Chocan como tempestades
Y nuestras almas se hacen una
En amores pasionales

Tus olores femeninos
Que despiden de tu piel
Me embriagan con delicia
Porque eres mi mujer

Día a día viviré
Junto a ti, amor querido
Y amarte solo amarte
Aun hasta el infinito

Y entre flores caminar
Con mi compañera fiel
No habrá mejor perfume
Que el aroma de tu piel

Con su cabeza en mi hombro
Caminare con mi doncella
Compartiendo dulce amor
Con mi bella piel canela

Pobreza

La pobreza es enemiga
Del humano decadente
Es amigo indeseable
Repugnante e indecente

En la miseria nos sume
Entre lágrimas y ahogo
Nuestras vidas manipula
Y conduce a su antojo

Los caminos disponibles
Son los puntos de partida
Que nos llevan a un destino
Callejones sin salida

Sin piedad el sol nos pega
Con sus rayos muy ardientes
Nuestra vida se evapora
Como en un comal caliente

Saturados por el polvo
De la triste trayectoria
Nos sumimos en la ira
Depresión y hasta la euforia

La pobreza va pasando
De generación en generación
Como residente huésped
Que no tiene invitación

Como reptil que se arrastra
Dejando su paso marcado
Nos deja la panza vacía
Privándonos del bocado

Con la cabeza aplastada
Finalmente morirás
Sanguijuela sanguinaria
Ya jamás tú morderás

Por culpa del clavito

De una herradura el clavito
Por un fallo se salió
Y el caballo se perdió
Con el jinete galopante
No llego el aviso antes
De la invasión del enemigo
Todos estaban dormidos
Sin disturbio en su semblante
La pérdida fue muy grande
Cuando el combate empezó
El enemigo avanzó
Y por la batalla ganada
Con victoria asegurada
En este bélico conflicto
Que daría el veredicto
De total dominación
Lograods en contención
Por pueblos grandes y chiquitos
Y se perdió la entera guerra y
Y todo por culpa del clavito

Punto de Vista

Soy joven y muy apuesto
Con gustos extravagantes
Me gustan los días soleados
Y vestir muy elegante

El automóvil deportivo
Me causan gran sobresalto
Como rechinan sus llantas
En lo negro del asfalto

A mi pelo un poco largo
Le doy miles atenciones
Aerosol y fino corte
Con perfumadas lociones

Camisa de tela fina
Pantalones campana ancha
Ajustado a la cadera
Y a mi lado una muchacha

Mirada tras gafas negras
Con zapatos plataforma
Con mi perfumito Brut
Esta si es la nueva onda

Ya han pasado veinte años
Los tiempos, como han cambiado
Mi sentir sobre las cosas
Como se ha ido transformando

Los carritos deportivos
Ya no son de mi atención
Ahora son los carros grandes
Para el tremendo familión

Ya la ilustre melenita
Se me hizo chiquitita
Me peino de medio lado
Para tapar mi calvita

Ahora me pongo cualquier cosa
Ya no me encuentro en la onda
Se me quitó lo delicado
Con esta figura redonda

En vez de los lentes negros
Que tanto me gustaban
Ahora uso los de aumento
Porque casi no veo nada

Veo las cosas diferentes
Aunque el mismo hombre soy
Lo importante del ayer
No es tan importante hoy

Como todo ha cambiado
Ya no voy a la conquista
Siempre todo ha dependido
De cual es tu punto de vista

Señor Tiempo

Es concepto incalculable
Que no tuvo nacimiento
No se mide ni se pesa
Así es el señor tiempo

Por su infinidad confunde
Porque es inalcanzable
El humano no comprende
Ni precisa sus anales

De nosotros compañero
Aunque a veces indeseable
Por su impacto negativo
En desgastes corporales

Del infante es amigo
En el pleno desarrollo
Hacia arriba el va subiendo
Como maíz en retollo

Que pase rápidamente
Deseamos con anhelo
Porque en nuestra mocedad
En el futuro está lo bueno

En toda nuestra existencia
Su eco es muy audible
Nuestras vidas son medidas
Por su correr indetenible

Llegamos a la vejez
Donde su paso es evidente
Aunque tratamos de detenerlo
Aun con uñas y con dientes

De todo podemos burlarnos
Aun con vidas disfrazadas
Pero el señor tiempo
Dará la última carcajada

Ser y no Ser

Puedo sonreír y no reír
Pensar sin meditar
Oír sin escuchar
Avanzar sin caminar

Trabajar y no ganar
Consciente y no pendiente
Querer pero no amar
Estar presente y estar ausente

Mirar sin observar
Castigar sin enseñar
Tirar golpes mas no pegar
Nutrir y no amamantar

Con educación y no educado
Ser presto mas no diligente
Mordiscar aunque sin dientes
No ser sabio, pero inteligente

Ser humilde con orgullo
Ser un rico pobre
Ver tinieblas en lo claro
Ver claridad en la noche

Hablar sin comunicar
Transportarme sin viajar
Creer sin adorar
Rezar mas no orar

Rodar sin dar vueltas
Acostarme pero erguido
Vigilar mas no cuidar
Ser inconciente en mis sentidos

Beber agua y estar sediento
Gritar con labios cerrados
Respirar y no tener aliento
Oír sin darme por enterado

Maldecir y bendecir
Escapar aún sin correr
Hacer el mal y hacer el bien
Edificar y demoler

Criar y malcriar
Morir y renacer
Enseñar y no aplicar
Ser mucho y nada ser

Siempre

Cuando el agua se calienta
Hay un cambio en su estructura
Se evapora y va en ascenso
Como gas a las alturas

Nunca cambia este proceso
Siempre sucede lo mismo
En un ciclo interminable
Nunca se altera su ritmo

Siempre que se ven las nubes
Y se escucha relampaguear
Significan que la lluvia
A cantaros descenderá

Siempre en la primavera
Los árboles enverdecen
Y los frutos en sus ramas
Justo al tiempo aun florecen

Siempre en la época de otoño
Hojas de los árboles van cayendo
Quedan cual niños desnudos
Al tiempo del nacimiento

Siempre al fin del día
Según el planeta gira
Distante en el horizonte
El Sol hace su despedida

Siempre aparece la Luna
Acompañada de estrellas
Surge el ambiente apropiado
Para que El piense en Ella

Siempre las aves migratorias
Hacen su larga trayectoria
Por un camino invisible
Que llevan en su memoria

Siempre la mujer espera
En nueve meses de embarazo
El momento en que tendrá
A su niño entre sus brazos

Todo el tiempo es así
Ya que Dios tuvo presente
Que el humano disfrutara
Ayer, ahora y para Siempre

Soy piedra del río

Soy piedrita que en el río
En la orilla de su caudal
En su suavidad terrestre
He encontrado mi lugar

Enterrado en su lodo
Desde hace mucho tiempo
Mi silueta he dibujado
Como un pintor con su lienzo

Invisible en mayor parte
En el agua sumergido
Me asemejo a una paloma
Asentada en su nido

Y la corriente cristalina
Con su constante fluir
Por arriba ha suavizado
Dando lustre a mi existir

Ocupando un espacio
Me he anclado con succión
Y el lodazal mojado
Me sostiene en posición

Cuando el río es caudaloso
Y me castiga de repente
Y parece que furioso
Desubicarme intente

No puede con toda su furia
Acabar con mi existencia
Tampoco desalojarme
De mi hallada residencia

Por siempre aquí existiré
En mi espacio predilecto
En el lugar que yo forjé
Y donde sé que pertenezco

Soy

En tus manos soy la arena
Que se escapa por tus dedos
Pensamientos que recorres
En tus vívidos desvelos

Soy la brisa que jugando
Pasa y con su resuello
En tu cabeza alborota
Las tiras de tus cabellos

Soy como luz que ansía
Ver tus ojos descubiertos
Que quitan la manutención
A mis adentros hambrientos

Soy la sangre burbujeante
Que en tu corazón recorre
Y retumba en tu pecho
Como zebras en galope

Soy el grano que reside
En tus frondosos cafetales
Y su aroma es percibido
Por tus frescos manantiales

Soy sábana que te cobija
En lo frío de la penumbra
Y te sientes solo mía
Cuando el sol a ti te alumbra

Soy el fuego que tu mecha
No exime la resistencia
Y sólo deja el blanco humo
Como efímera evidencia

Soy contigo un organismo
Con Principio y fundamento
Coexistiendo como tal
En un mismo firmament

Tarde Para Cumplidos

Los hijos son la esperanza
Desde que del vientre salen
Y sonríen a una vida
Aunque los ojos no abren

Todo el tiempo es dedicado
Para su felicidad
Y la sonrisa de un pequeño
Es dadiva celestial

Según los años van pasando
La criatura va hacia arriba
Son sus primeros logros
Lo que causa la alegría

Cuando da el primer pasito
Están los padres emocionados
Lo ponen de pie tambaleantes
Para ser fotografiados

Se hacen hombre y mujeres
Ya no escuchan a sus padres
Ellos ya no son cruciales
Para sus necesidades

A la casa llegan tarde
Tal vez en la madrugada
Ya cansado están los padres
Después de la desvelada

Envejecen y se mueren
Y se ha hecho ya muy tarde
Para que los hijos digan
Que buenos fueron mis padres

Triste volar

Eres pájaro que vuela
Por mi triste corazón
Que perturba el pensamiento
Que me quita la razón

Con tu vuelo apesumbrado
En tu siniestro volar
Que descansas en mis ramas
Y produces mi llorar

Como pez que de un anzuelo
No se ha podido escapar
Y que con su aguda punta
Hace su boca sangrar

Oh tristeza revestida
Con tu negro y largo velo
Sigue adelante tu camino
Para no pedir consuelo

Mi puerta pasa por alto
Que veloz sea tu salida
No me quites el anhelo
Y hagas más triste mi vida

Suena tu campanilla
Para así salir corriendo
Pera no verte la cara
Y me vean desfalleciendo

Para no verme aplastado
Por el peso que tú impones
No esconderme como rata
Temerosa en los rincones

Pero sé que tu vendrás
Te veré desde lo lejos
Y mis ojos taparás
Del resplandor de los cielos

Tu nombre

Somos nombre que en la playa
Con el dedo se escribió
Y visible hasta el día
Que la marea lo borró

Un aliento despedido
Que se esfuma al salir
Y la vida así se escapa
Y dejamos de existir

Como agua que se esfuma
Y se empieza a evaporar
Poco a poco nuestra vida
Con el tiempo se nos va

Dejando sólo recuerdos
En mentes de conocidos
De alegrías y tristezas
Y momentos compartidos

Aunque nada de nosotros
Queda en nuestra partida
Los recuerdos aún persisten
De lo que fuimos en la vida

Nuestro nombre sobrevive
Nuestra mismísima existencia
E invocamos malos recuerdos
O sonrisas de complacencia

Todo pudiera depender
Del testimonio dejado
De nuestras malas acciones
O del bien conmensurado

De lo que sí estamos seguros
Y que no es rectificado
Es que aquel nombre en la arena
En verdad no se ha borrado

Una Cita con mi Mente y Corazón

Una vez vi necesario
Tener cita con mi mente
Poner las cartas en la mesa
Y hablarle francamente

Para ver si había sido
Por el mundo influenciada
Si es que iba en buen camino
O estaba descarriada

La verdad que se me hizo
Muy difícil la propuesta
Pues mi mente rehusaba
Y no me daba una respuesta

Además mi mente estaba
Ocupada siempre a diario
Y la verdad es que no me hallaba
Espacio en su calendario

Por mis constantes peticiones
Y quizás por mi insistencia
Al fin mi mente permitió
El brindarme una audiencia

Fue compleja la entrevista
E intrincadas las respuestas
En sinopsis disparaba
De su diestra y su siniestra

Me di cuenta poco a poco
Que aunque recta e inteligente
Todo era analizado
Con carácter prepotente

Lo central de su argumento
Y por sus respuestas demostraba
Que su lógica era fría
Pero muy bien calculada

Había orgullo en sus entrañas
Con conciencia maltratada
No aceptaba culpa alguna
Y ante nadie se inclinaba

La visita con mi mente
No fue nada placentera
Partí muy arrepentido
Con quebrantadas quimeras

Más fui a tocar a la puerta
De mi humilde corazón
Pues mi conciencia agonizaba
Y pedía una intervención

Si mi mente estaba errada
Todos estábamos perdidos
Si es que alguien no corría
A sacarla del peligro

Y mi corazón paciente
Escuchó con atención
De la conciencia mal herida
Y de mi honda preocupación

Resultó tranquilizante
Su voz de sabiduría
Y que pronto, si muy pronto
Con mi mente el hablaría

Y mi sabio corazón
A mi mente visitó
Preguntó por la conciencia
Que de pronto apareció

Y con llantos y congojas
Me contó de sus desvelos
Mientras mi orgullosa mente
No le daba su consuelo

Y la voz del corazón
Retumbó como centella
Y mi mente aturdida
Palideció ante su querella

Amoroso, aun directo
Y sin pelos en la lengua
Sus errores fue sacando
Uno a uno y sin tregua

En su amoroso umbral
Con ternura la abrazó
Y en el calor de su presencia
Mi mente recapacitó

Ahora soy hombre completo
En mí mismo no hay distancias
Porque mi mente y corazón
Ahora están en consonancia

Vanidad

La vanidad es enemigo
Del humilde natural
Lo persigue con constancia
Desde que sale del umbral

Somos almas desnudas
Presentándonos a escenario
Contentos con sólo el cariño
Que nos otorguen a diario

Pero la vanidad no tarda
Ni tampoco el egoísmo
Y de bebitos nos peleamos
Por tan sólo un juguetito

Aunque no existe conciencia
Ni sabemos aun pensar
Pero de sólo un juguete
Nos queremos adueñar

El enemigo engendrado
En imperfección innata
Asoma su cabecita
Y con su mano lo arrebata

Al ir tomando conciencia
Aprendemos bien el juego
De querer sobresalir
Pisoteando en el proceso

Ignorando congenialidad
Ni la sangre compartida
Nuestros hermanos caen primero
En situaciones conflictivas

En la escuela es lo mismo
Pero con menos compasión
La vanidad y el egoísmo
Son dueños del corazón

Al llegar a ser adultos
Las reglas siguen en vigencia
"Yo seré siempre el primero
Aténganse a las consecuencias"

El amor y compasión
Son simplemente flaquezas
La ley de sobrevivencia
Es para el que posee fortaleza

Contraemos matrimonios
Entre plenas y aguinaldos
Viviremos en felicidad
Por muchos y muchos años

Al principio todo es dulce
Amor con sublimes besos
Pero la vanidad y el egoísmo
Ahí vienen de regreso

Son por las cosas pequeñas
Que al principio discutimos
¿Acaso no era pequeñito
El juguete de a principio?

Poco a poco van creciendo
Los problemas conyugales
Hasta a consejero vamos
De problemas maritales

De la boca de otros sale
Burbujeando la verdad
Que la dificultad radica
Con la maldita vanidad

Inclinaciones no corregidas
De egoísmo y arrogancia
Que nuestros padres catalogaron
Natural en nuestra infancia

Será muy difícil extraer
La enterrada vanidad
Con ungüento de interés
Y amor con sinceridad

Con receta de aplicarlo
Con esmero y con constancia
La vanidad no desaparece
Siempre está a corta distancia

Viejo Árbol

Soy un viejo árbol
Alto y frondoso
En tiempo de lluvia
A muchos socorro

A vivir las aves
Volando han venido
Y con diligencia
Construyen sus nidos

Muy alegres y gozosas
En sinfonía y silbidos
A mí ellas adornan
Con melodiosos trinos

En un día caliente
Soy muy codiciado
De mi fresca sombra
Muchos se han saciado

Para enamorados
Soy lugar de citas
Del amor escucho
Bastantes cositas

Soy para el viajero
Una referencia
Que al dar direcciones
Siempre me recuerda

Soy para el viento
Algo divertido
Ya que pasa por mis ramas
Muy entretenido

Soy un viejo árbol
Y de aquí no me muevo
Pero mil felicidades
A muchos entrego

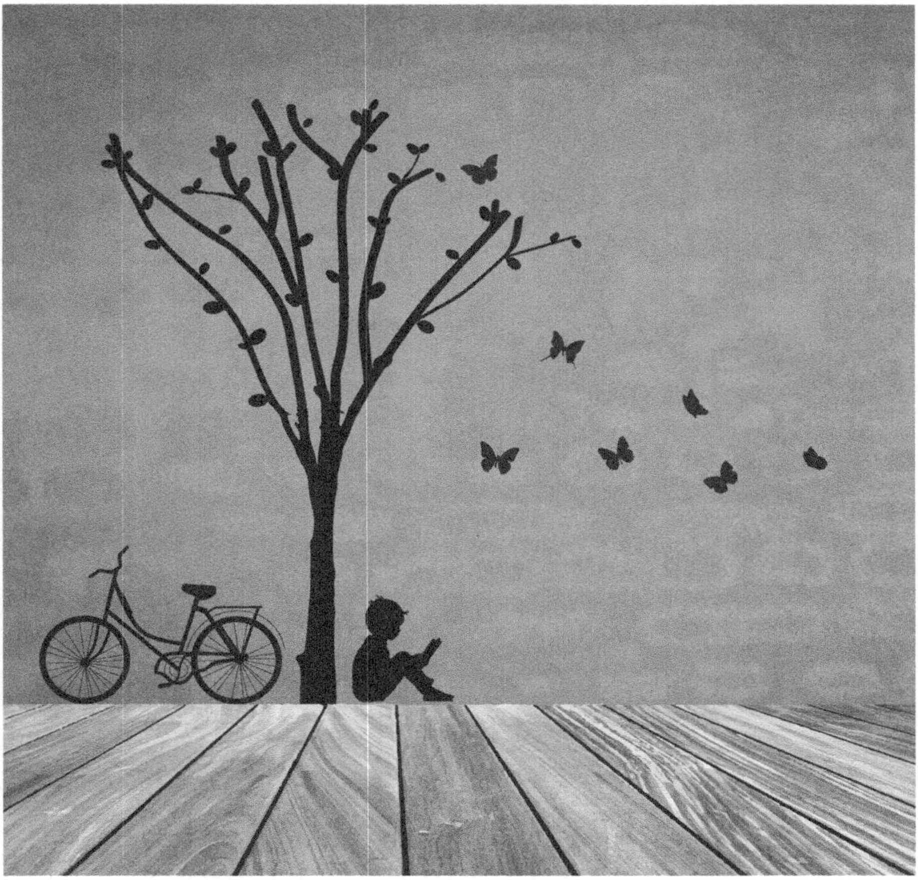

HISTORIETAS

Al Pie del Flamboyan

Justo al pie de un Flamboyán
Con tus manos en las mías
Mirándote a los ojos
Te dije que te quería

Con lágrimas en los ojos
Extremadamente emocionada
Me dijiste entre sollozos
Que yo era el hombre que tú amabas

Nuestra boda fue sencilla
Hubo pocos invitados
Eso era lo que permitía
Todo lo que había ahorrado

Empezamos nuestra vida
En una humilde casita
Muy pronto me di cuenta
Que crecía tu pancita

Me distes un precioso niño
Con unos ojos hermosos
No había en todo el barrio
Un padre más orgulloso

Al poco tiempo comenzamos
A pasar por sufrimientos
Todo era influenciado
Por tu mal comportamiento

A las malas compañías
Todo esto se debía
Hasta que con un hombre
Te encontré en mi casa un día

De nuestro hogar yo te eché
En la presencia del hijo
Que me distes algún día
Y que me dio tanto regocijo

Yo que había sido un hombre
Que todo te lo había dado
No cabía en mi mente
Que me hubieras traicionado

El niñito a cada rato
Tus fotografías miraba
Preguntaba inocentemente
Que donde tú te encontrabas

Sus preguntas imprudentes
Como era que me afligían
Pero la verdad del caso
Es que excusas no tenia

Con el tiempo yo te vi
En una esquina parada
Donde el público presente
Tu compañía solicitaba

Eras un triste espectáculo
Aunque promoviendo estabas
Tus encantos desteñidos
Con figura muy delgada

Al mirarme una lágrima
Pude ver en tu mejilla
Una lágrima pintada
Con tu negra mascarilla

Que fuiste mía no he negado
Sin importar que dirán
Que tu amor me prometiste
Justo al pie del Flamboyán

A mi oído un día llegó
Por causa de un comentario
Que tú estabas muy enferma
Y mi nombre decías a diario

A mi casa yo te traje
Aunque el miedo era muy fuerte
Como el niño dio de brincos
Con solo volver a verte

Por un tiempo te cuidé
Hablamos extensamente
Me dijiste como nunca
Escapamos de tu mente

Que si te perdonaba
Volverías de regreso
Te abrasé muy tiernamente
Y lo sellamos con un beso

Ahora la cuerda es triple
Ya nada la romperá
Jehová dirige nuestras vidas
Ahora y por la eternidad

Amor de Madre

En los árboles del monte
Aun en las noches frías
Se encuentra un pajarito
Que cuidaba sus tres crías

Muy diligentemente
Para su familia mantener
Buscaba incesantemente
Gusanitos por doquier

Ellos abrían sus piquitos
Y se nutrían diariamente
Y ella duro trabaja
Pues ellos eran exigentes

Pero desde su nidito
Observó temprano un día
Las lenguas rojas de llamas
Y humo blanco que ascendía

De inmediato se inquietó
Tratando de asesorar
Y las vidas de sus hijos
Poderlas ella salvar

Uno a uno a gran distancia
No podría transportar
Sus polluelos eran tiernos
Y no iban a aguantar

En un acto casi humano
Uno a uno los bajó
Justo en el tronco del árbol
Fue y los depositó

Mientras árboles gigantes
Caían ardiendo en el suelo
Ella extendió sus alas
Y cubrió a sus polluelos

Mientras tanto los bomberos
Por tierra y aire luchaban
Al fuego que devoraba
Lo que enfrente se cruzara

Fue una lucha contundente
Que el hombre al fin ganaría
Y en el campo de batalla
Sólo el humo quedaría

Los bomberos con sus palas
Aun lo humeante revolcaban
Y aun la vida por instinto
En futilidad buscaban

Pero había algo extraño
Junto a un árbol chamuscado
Era un pájaro con alas
Extendidas lado a lado

Obviamente estaba muerto
Pero en rara posición
El bombero con su pala
Levemente sacudió

De entre medio de sus alas
Tres picos aparecieron
Los polluelos estaban vivos
Y piaban sin consuelo

Los tomó muy tiernamente
Y los puso en una garra
Mientras el con dignidad
A su madre enterraba

Era una triste realidad
Que desafiaba la razón
Y el bombero sollozaba
Con herido corazón

Porque el ave afrontó
Al peligro con valentía
Y por los suyos supo dar
Todo lo que poseía

Esta pequeñita ave
Da una lección instructiva
Que por los hijos se da todo
Incluyendo, hasta la vida

Amor de Piedra

En lo alto de un pedestal
En el parque del vecindario
Está la estatua de un varón
Que se admiraba a diario

De un hombre masculino
En todo sentido de palabra
Sus atributos dicen mucho
Aunque su boca este sellada

Es alto y musculoso
Y con cabellos silvestres
Toda doncella que pasa
Añoran a un hombre como este

El escultural Lotario
Sintió la adulación
Las miradas de doncellas
Salpicadas de pasión

Más había cierta dama
Que este lugar frecuentaba
Y hacia el dirigía
Sus más dulces miradas

Sin embargo él no entendía
Como capaz de amor pudiera
Pues él sólo era estatua
Con un corazón de piedra

Ni siquiera imaginaba
Como ella podía fijarse
Pues estaba aprisionado
En lo alto de su cárcel

Ella tenía un corazón vivo
El suyo mármol tallado
Los labios de ella reían
Los suyos seguían sellados

Mas un día al visitar
Un relámpago contra él pegó
Grande fue la explosión
Y de su pedestal cayó

Ella corrió a toda prisa
Al ver a la estatua caída
Un puñal le laceraba
En su pecho honda herida

De momento el cuerpo inerte
De Lotario tomo vida
Carne fresca en vez de piedra
Y en sus venas sangre viva

Y en un beso interminable
Después de dulces miradas
Este beso así sellaba
Sus almas enamoradas

Y cubrió con su reboso
Su cuerpo vivo y desnudo
En sus ojos reflejaban
Un amor genuino y puro

Ahora Lotario y su amada
Vienen aquí a disfrutar
Y sentados miran juntos
El vacío pedestal

Amor Verdadero

Una vez había un niñito
Que añoraba un chapuzón
Deseaba refrescarse
Con todo su corazón

Con ligera intrepidez
Corrió como una gacela
A un río ubicado
Justo en casa de su abuela

De la orilla dio el clavado
Nadando con mucho aguante
Pero no se daba cuenta
Que no estaba solo en el estanque

Pues había un cocodrilo
Que sigiloso merodeaba
Y para saciar su hambre
Una víctima buscaba

Nadaba el uno hacia el otro
Sin el niño percatarse
Que el lagarto se acercaba
Y que pronto estaría a su alcance

Su madre echo un vistazo
Vio la escena horripilante
La sangre se le hizo hielo
En sus venas palpitantes

Echo carrera de inmediato
Gritando como enloquecida
La vida de su amado hijo
No la daría por perdida

El niño oyó los fuertes gritos
Y dándose cuenta del peligro
Se dio vuelta de inmediato
Seguido por el cocodrilo

La madre estiró su brazo
Al llegar justo a la orilla
Pero en sus piernas el lagarto
Le dio tremenda mordida

Mientras su madre lo jalaba
Por los brazos extendidos
El lagarto por las piernas
Al niñito había prendido

Entre la vida y la muerte
Humano y bestia en sus esfuerzos
La madre por salvar su hijo
El lagarto por su almuerzo

Con sus dientes afilados
Que clavaba sin clemencia
Y la piel le desgarraba
Peligrando su existencia

Por los brazos con sus uñas
Su madre en la piel clavaba
Y robárselo al lagarto
Fuertemente ella luchaba

Mas pasando un viajero
Sacó su rifle y apuntando
Con su bala acertada
Le dio muerte al lagarto

La madre acogió a su niño
Totalmente ensangrentado
Con sentimientos heridos
Incontrolablemente sollozando

En la recuperación
La revisaban sus heridas
En las piernas del niñito
Mientras el se sonreía

El doctor le preguntó
Porque tan feliz estaba
Había pasado una experiencia
De una muerte asegurada

El niño subió sus mangas
Le enseñó con mucho orgullo
Las heridas muy profundas
Que su madre le produjo

Dijo "Serán recuerdos dolorosos
De heridas que son graves
Cicatrices con las marcas
De las uñas de mi madre"

"Aunque marcado yo quedé
Y aunque dolor yo sentí
Son el Amor verdadero
Que mamá siente por mí"

Aprende de la Creación

Una vez todos los genios
En un lugar se congregaron
Para buscar las soluciones
A los problemas del humano

Se reunieron en un lugar
Pintoresco y relajante
Para lograr lo acometido
En un ambiente refrescante

Se metieron jungla adentro
Buscando el lugar ideal
Frente a un hermoso lago
Decidieron acampar

Comenzaron dialogando
Los problemas existentes
Y los dolores que causaban
Al humano decadente

Pronto comenzaron todos
Discusión acalorada
La educación y el respeto
La echaron por la ventana

Hablaban todos a la vez
Ya nadie escuchaba nada
Los oídos los taparon
Mientras todos se gritaban

Se dieron cuenta de su error
Y tomaron un receso
Estaban abochornados
De aquel lamentable suceso

A tomar aire salieron
Con heridos sentimientos
A calmar todos sus nervios
Y descansar por un momento

En el lago se encontraban
En un grupo muy unido
Descansando felizmente
Unos cuantos cocodrilos

Con sus afilados dientes
Y luciendo amenazantes
No vieron confrontaciones
Ni hubo bronca en el estanque

Los sabios se preguntaban
Como lagartos peligrosos
Podían convivir juntitos
Sin matarse el uno al otro

De pronto un hipopótamo
Se zambulló sin miedo
Y todos los cocodrilos
Un campito hasta le abrieron

Los sabios tomaron notas
De este hallazgo singular
Y buscaron soluciones
En el bello Reino Animal

De pronto vieron dos monitos
Mientras estos se esculcaban
Y se sacaban las pulguitas
Que de seguro les picaban

Las extraían con cuidado
Aunque eran retozones
Y después se las comían
Como si fueran bombones

Los sabios estaban seguros
Que tenían aquí una pista
Mientras discutían detalles
Y añadían a su lista

Después un águila se alzaba
En esplendorosos cielos
Enseñando a volar
Con destreza a su polluelo

Se quedaron observando
Caminando a un león
Y los demás animales
Le habrían paso sin excepción

Aunque el miedo no
anda en burro
Esto si los sorprendió
Ni los animales grandes
Al león desafió

De todo lo que observaron
Con los estudios conducidos
Encontraron la solución
De eso estaban convencidos

Del cocodrilo aprendieron
Que aunque se tenga carácter
Se puede vivir en paz
Con tolerancia y aguante

De los monitos extrajeron
El cariño que hay que dar
Que el interés del prójimo
Siempre debemos buscar

Del águila se dieron cuenta
Que hay que preparar los hijos
Y enseñar lo que sabemos
Para afrontar los desafíos

Del león se percataron
Que el respeto no se exige
Que se adquiere por los hechos
Que a nuestras vidas definen

Que el hombre necesita amor
Respeto y tolerancia
Instrucción y buen ejemplo
Y dar a otros con constancia

Que Jehová todo lo ha puesto
En su bella creación
Para que en su existencia
Sirva al hombre de instrucción

Que en el humano sólo mora
Una inteligencia terca
Y que la creación enseña mucho
Si es que la mira de cerca

Caos Musical

La orquesta se congregó
Para dar una función
Todos los instrumentos
Estaban en posición

Pero antes de comenzar
Surgieron los desacuerdos
Que se suelen asociar
Cuando se tiene talento

La Trompeta quería
Un lugar más prominente
Que su sonido fuera distinguido
Por toditos los presentes

La Tuba se enfureció
De escuchar tal declaración
¿Pues acaso no era ella
Quien merecía más distinción?

A la Guitarra inmediatamente
Se le erizaron las cuerdas
¿Acaso no era su melodía
La que era más excelsa?

Al Bongo le retorcieron
Los cueros al oír ésto
Enloquecido sonaba
Pues estaba muy molesto

El Piano peló los dientes
Y como tormenta cayendo
Sus teclas enfurecidas
Sonaban con gran estruendo

El Bajo no se quedó atrás
Aun el suelo retumbaba
Era un caos musical
Que esta orquesta se encontraba

No llegaban a un acuerdo
En desatino emocional
Nadie se deleitaría
De su prosa musical

Pero alguien sin sonido
Tuvo un impacto tremendo
Pudo callarlos a todos
Aunque por solo un momento

Era sólo una varita
Con el poder de silenciar
A todos los instrumentos
Para luego comenzar

Se dirigió a las secciones
Dando permiso a sonar
Y que así contribuyeran
Toda su capacidad

Su habilidad para dirigir
Era algo asombroso
Aunque de ella no salía
Ningún sonido melodioso

Los instrumentos aprendieron
Que sin importar lo
grande o pequeño
Todos somos muy valiosos
Trabajando con empeño

Nadie es mejor que nadie
Todos somos apreciados
Hay belleza en el esfuerzo
Si es que juntos trabajamos

Carrera Mortal

Muchos se han preparado
Para una ocasión especial
Un maratón se lleva a cabo
Y Boston es el lugar

Los corredores con esfuerzo
Han hecho su preparación
Y el evento es transmitido
Por radio y televisión

Las multitudes claman
Que gane su representante
Que logre la victoria
En este evento importante

Los números distinguen
A todos los corredores
Y también el logotipo
De sus patrocinadores

La competencia es librada
Inclusive desde antaño
Pues se ha llevado a cabo
Por ciento diecisiete años

En su larga trayectoria
Se les anima a los atletas
Y la gente emocionada
Los esperan en la meta

Al pasar el ganador
Entra en sí la alegría
Al escuchar las multitudes
Los gritos y algarabía

Pero todo es opacado
Por corazones malvados
Que han diseñado explosivos
Con perdigones y clavos

Según llegan a la meta
Algunos han quedado atrás
Estas bombas se detonan
Y hacen la tierra temblar

Y esta ocasión tan alegre
De momento se convierte
En un acto terrorista
Trayendo caos y muerte

Y tres vidas son cegadas
En el malévolo ataque
Y la concurrencia huye
Como si no hubiera escape

La gente despavorida
Y ojos de incredulidad
No pensaban que este evento
Así fuera a terminar

Y la sangre aun de un niño
Cubrió lo negro del asfalto
Se pudo ver la canallada
Y lo vil de tal asalto

La gente echó a correr
Algunos sin mirar atrás
Como si fueran a tornarse
En una columna de sal

Esta es una espina más
En el costado de este mundo
Que parece estar postrado
En su lecho moribundo

¿A dónde vamos a parar?
¿Qué futuro nos espera?
Todos hacen las preguntas
Pero pocos dan con las respuestas

Cúcame la Pollina

Una vez un jibarito
Rumbo a España se embarcó
Con alegría y entusiasmo
A sus orillas llegó

Era bello el panorama
De la bella tierra patria
La cultura del Alhambra
Y los toros en la plaza

Fue justo en el mercado
Que entró en la peluquería
Quería parecer español
Con estampa y gallardía

Con tantos preparativos
Recortarse el no pudo
Y en España lo miraban
Pues estaba melenudo

Entro en la peluquería
Y dio órdenes seguidas
Por instrucción detallada
Del estilo que el quería

El peluquero hizo su trabajo
Y al pedirle la propina
El jibarito le dijo
Cúcame la pollina

Los presentes se miraron
El coraje les ardía
Lo agarraron de orejas
Y lo llevaron a la comisaría

Con golpes y malos tratos
Galletazo y pescozones
Y con un ojo morado
Lo llevaron a empujones

Después de exponerse el caso
El juez inquisitivo dirigió
Al jíbaro maltratado
Y una explicación pidió

Cúcame la pollina
El jíbaro recalcaba
Quería decir que los cabellos
De su frente alborotara

No se trataba de un insulto
Llego el juez en conclusión
Que en términos lingüísticos
Se armó la confusión

El jíbaro salió de España
Pero aprendió la lección
Que no en todos los lugares
Se habla igual el español

Damas Caídas

Desde oriente soplaron vientos
Con distintivos silbidos
Para actos terroristas
Aquí en Estados Unidos

Hombres dispuestos a dar
Su vida por idealismos
Y llevar al gran coloso
Hasta el mismo cataclismo

Llegaron como estudiantes
Con un plan bien diseñado
Piloteando aeronaves
Para dar golpe acertado

Cuando todo estaba listo
Al recibir las instrucciones
Salieron de aeropuertos
En diferentes direcciones

Hicieron la toma forzada
Al despego momentáneo
Se apoderaron de las naves
Con pistolas en sus manos

Los aviones dirigieron
A estructuras en lo alto
Las gemelas niuyorquinas
Escogieron como blanco

Los pasajeros el terror
Sintieron bajo su mando
Sus parientes quedarían
En aeropuertos esperando

Algunos se encomendaban
Y en silencio a Dios oraban
Mientras otros por el miedo
A todo pulmón gritaban

Aun ante el sufrimiento
No se tocaban el corazón
Los terroristas decididos
A cumplir con su misión

Darían golpe fulminante
A la nación americana
En la ciudad que nunca duerme
La llamada, Gran Manzana

En esa fatal mañana
Justo al comenzar el día
Fue a la primera gemela
Que el avión impactaría

La explosión anodado
A los traunsentes que veían
Carne humana que en pedazos
Desde los cielos llovía

En los pisos superiores
A la zona del impacto
Atrapados se quedaron
El resto lleno de espanto

El humo negro subía
Los de arriba se asfixiaban
Mientras que a otros el fuego
Consumía con sus llamas

Muchos ahí mismos decidieron
No morir en llamaradas
A los vientos se tiraron
Como pájaros sin alas

Mientras algunos bajaban
Los bomberos ascendían
Sin pensar por un momento
Que de ahí nunca saldrían

A unas horas del impacto
De este mal inmesurado
A las damas de acero
Su telón había bajado

En su derrumbe estruendoso
Materia abajo se lanzaba
Pero la pérdida más grande
Fueron las vidas truncadas

En el rostro de los presentes
Gotas blancas discurrían
Disfrazadas por el polvo
Que sus rostros contenían

En el centro comercial
El pandemonio cundía
Y la potencia poderosa
En una rodilla caía

Como embolia corporal
A la nación paralizó
Toda vía de transporte
De inmediato se paró

Hubo caos en el sistema
Y de ese día en adelante
Se desconfía de todos
Más, si llevas un turbante

El panorama no es el mismo
Continuará así para rato
Ahora vas al aeropuerto
Y hasta entras sin zapatos

Y en la isla de Manhattan
Ahora esta la zona cero
Ya no están las bellas damas
Que acariciaban los cielos

Un monumento erigido
Conmemoración en bronce
De toda la vida perdida
En la fecha nueve once

Una cicatriz que marca
Una herida muy doliente
En la historia recordada
Por todo los sobrevivientes

Y nuestro mundo fue cambiado
Por dos aviones explosivos
Eso muestra aun lo frágil
Que es el mundo en que vivimos

Dingo o Mandingo

Una vez un Jibarito
Que pensaba en su ancestría
Voló al continente negro
Rebozando de alegría

Rumbo a África el salió
Con festejo y mucha pompa
Y como era percusionista
Consigo llevó su conga

Se escuchaban los tambores
De una aldea sandunguera
Y el boricua se sentía
Que había llegado a su tierra

Le dieron tremendo agasajo
Sus hermanos africanos
Y el boricua se sentía
Que estaba con sus hermanos

Los primeros días fueron
Pura música y festejo
Y el boricua con su conga
Aportaba al brincoteo

Pero pronto el humor
Se enfureció en toda la tierra
Pues la música tocada
Era en sí un grito de guerra

El jíbaro se puso jincho
Porque era bien cobarde
Se puso pálido al pensar
Lo que podía pasarle

Jamás en su corta vida
Ni una mosca había matado
Lo pusieron con machete
En la fila de soldados

El comenzó a explicar
Que de Borinquen era
Y que no cualificaba
Como soldado en esta guerra

El cacique le explicó
Que no había nada escrito
Y que en color calificaba
Pues estaba morenito

Que aunque fuera de Borinquen
Cuba o Santo Domingo
En sus venas corría sangre
Bien de Dingo o de Mandingo

No se pudo escapar
De la terrible obligación
Que impusieron sus hermanos
De la africana nación

Corriendo con el machete
Por la jungla inaudita
Y en el primer barco que vio
Se embarcó rumbo a su islita

Bien aprendió la lección
Que nuestra isla es un ensueño
Y que orgullosos nos sentimos
De nacer Puertorriqueños

El Animal que más se parece al Hombre

Los animales de la jungla
Un día se congregaron
Para ver cual de ellos
Se parecía más al humano

El león por ser el Rey
Primero expuso su caso
Como a el y al hombre terrestre
Los unía un estrecho lazo

El era el Rey en la jungla
El hombre cabeza en el hogar
Cuando rugía y el hombre hablaba
Se les tenía que escuchar

El rinoceronte tomo la palabra
Con su cuerno bien alzado
Quiso exponer su argumento
Pero mejor se quedó callado

La cebra también quiso
Decir lo que sentía
Como el hombre era
blanco y negro
Y ella a él se parecía

El mono estaba impaciente
Aun decía con muchas ganas
Como él y el hombre terrestre
Venían de la misma rama

Tenemos piernas y brazos
Somos guapos y amigables
Siempre estamos en control
De todas nuestras facultades

De pronto un coco se cayó
De lo más alto de una palma
Le pegó al mono en la cabeza
Y este perdió la calma

Como loco enfurecido
Daba brincos de coraje
Nunca vista esta faceta
De este graciosos personaje

Todos estuvieron de acuerdo
Anónimamente convencidos
Que el animal que más
se parece al hombre
Es un mono enfurecido

El Bruto

En un pueblo muy remoto
Aconteció un nacimiento
Sin el pueblo percatarse
Quien nació en aquel momento

Era un niño sorprendente
Con tamaño descomunal
Y su madre casi muere
Al pasar por el umbral

Pues pesaba siete kilos
Grande y fuerte como un toro
Su pelito era amarillo
Y brillantes eran sus ojos

Al nacer su madre dijo
Este será mi torre fuerte
A mí me acompañará
Cuando por mi llegue la muerte

Y según iba creciendo
Su fortaleza era increíble
Y con sólo su presencia
Temblaba hasta el más temible

Su Vigor conmensuraba
Su falta del intelecto
Aunque era reservado
Pero de palabras recto

Cuando era sólo un mozo
En los bosques ingresó
A ganarse el pan del día
Con su hacha y su vigor

Nadie podía aventajarle
Por su fuerza y rapidez
Y su hacha echaba chispas
Que caían a sus pies

El bruto era el apodo
Por el cual se conocía
Aunque cara a cara nadie
Llamarlo así se atrevía

No tenía compañeros
Por ser escaso de palabras
Por su imponente presencia
A él nadie se le acercaba

Pero la vida daría un giro
Para este gentil gigante
Su vida en anonimato
Cambiaría en un instante

Durante una gran tormenta
Una incursión pasaba
Por el puente principal
Que ya viejo se encontraba

Al camión pasar el puente
Un desastre acaecería
Fue la torre principal
Que del puente cedería

El pueblo angustiado
Imponente se sentía
En un profundo abismo
Sus niñitos caerían

Pero pensaron en el bruto
Sería su única solución
A la puerta de su casa
Corrieron con aflicción

Al puente el se dirigió
Y con el agua a la cintura
A la torre se aferró
Levantado la estructura

Como una galleta esta crujió
Ante su fuerza sobrehumana
Y a los niños con sus gritos
A cruzar les animaban

Hasta el último cruzar
Y en el preciso instante
El bruto al fin cedió
Ante la carga aplastante

Ante sus brazos cansados
El puente se desplomó
Su vida por los niñitos
El bruto sacrificó

Se dio a sí mismo por extraños
Que jamás supieron dar
A los que de él mismo se burlaron
Les mostró lo que es amar

Ahora el turista es conducido
Por la gente comúnmente
Al lugar que es conocido
Como la estatua del valiente

El Capataz

En la hacienda el capataz
Era el jefe indiscutible
Su palabra era escuchada
Por todo oído era audible

Con el látigo en su mano
El se daba a respetar
En frente de su camino
No te vayas a cruzar

En momentos era cruel
Y el dueño lo permitía
Después de todo era su hijo
Muy orgulloso de su hombría

Había una esclava con su hijo
A quien su padre consentía
Pero el los maltrataba
Y a escondidas los hería

A pesar del cruel maltrato
Que el capataz le infligía
Ellos siempre lo callaban
Aunque sus golpes dolían

Más ocurrió un incidente
Que nunca el olvidaría
La vida de aquel capataz
Para siempre cambiaria

Mientras descansaba en su balcón
Pidió café a la dulce esclava
Ella al servirle tropezó
Y viró encima la taza

Enardecido por la furia
Agarro su corta vara
Se dispuso a golpear
Con ardor en su mirada

Mas su hijo al ver la escena
De un sólo brinco intercedió
Le hizo frente al capataz
Quien su mano levantó

Los golpes fueron brutales
Y su sangre derramaba
Y después se dirigió
A la madre que lloraba

Mas al levantar la mano
Aun con su sangre ardiente
Se oyó el grito de una voz
Que lo detuvo de repente

Era la voz de su padre
Que exclamaba en ansiedad
"Si tocas a esa mujer
Conmigo te las verás"

El capataz indignado
Habló al padre inquiriente
"¿Por que defiendes a esa esclava
A esta perra pestilente?"

Él le dijo con voz suave
"Yo te ordeno no tocarla
Ni siquiera con la vista
Tu te atrevas a humillarla"

"Ella lo es todo en mi vida
Aunque tú no lo comprendas
Ni siquiera le alborotes
Un cabello en su cabeza"

"Ella ha sido el gran amor
El más puro de mi vida
A quien yo he mantenido
Por muchos años a escondidas"

"Siempre ha sabido darme
Un amor sencillo y puro
Un amor que ha perdurado
Desde que yo quedé viudo"

"Su matriz me dio dos hijos
Uno blanco y otro negro
Uno vivía como esclavo
El otro como el heredero"

"Por favor abre tus ojos
No te ciegues por la ira
Que a esa negra que desprecias
Fue la que te dio la vida"

Ante ella de inmediato
Cayó el capataz de rodillas
Sollozando amargamente
Con dolor en su alma herida

"Perdóname madre mía
No me digno ser tu hijo
Por haberte maltratado
En todo el tiempo transcurrido"

"De niño no tuve madre
Que me enseñara la ternura
Me he sentido desamparado
Sin ti mi vida ha sido dura"

"Hermano mío de mi vida
Perdóname por la sangre
Que de ti he derramado
Por haber sido ignorante"

Ella lo tomó en sus brazos
Pronunció lo antes prohibido
"Te quiero con toda mi alma
Ven a mi hijo querido"

En un abrazo fraternal
Cuatro seres se besaban
Y el amor un día callado
Entre ellos profesaban

Ahora todo ha cambiado
En la hacienda hay alegría
Ahí reside una familia
Diferente pero unida

La esclavitud y el maltrato
Para siempre se abolió
Y también el capataz
Su varita destruyó

Ahora existe una familia
Unida por el amor
Que ante barreras raciales
Ha salido vencedor

Ya no existe la crueldad
Ni aquel capataz tirano
Ya murió la esclavitud
Ahora viven como hermanos

Y bien queda demostrado
Que aunque a veces con dolores
El amor lo puede todo
Porque no mira colores

El Corcel Enamorado

Una vez un Corcel
De pura sangre fue llevado
Al rancho de sus dueños
Pues estaba lesionado

Era bello el panorama
Con aire puro y descanso
En este ambiente idionico
El Corcel fue mejorando

Galopaba por los valles
Y su crin negra volaba
Como tren a toda marcha
Sus casquillos retumbaban

Una vez mientras paseaba
Por los confines del rancho
Del otro lado del cerco
Alguien lo estaba observando

Era una linda burrita
Con ojos apestañados
Su color era de un claro
Gris aterciopelado

Su carita era muy dulce
Muy humilde su mirada
Poco a poco él se acercó
A donde ella se encontraba

El sintió que el corazón
A las patas se le iba
En un relincho amoroso
Demostró lo que sentía

La burrita en el momento
Sintió que se enamoraba
Pero era un amor imposible
Pues no era de su talla

El Corcel metió el hocico
Al otro lado del cerco
Y en su humilde carita
Depositó un tierno beso

En ese momento sus almas
Que no distinguen las razas
Se promulgaron un amor
Y así quedaron selladas

Al otro día el Corcel
Logró ver a su amada
Con una carga gigantesca
Mientras su dueño la golpeaba

Era un triste espectáculo
Y su corazón ardía
Al ver el despiadado maltrato
Que su amada recibía

El Corcel se enfureció
Y galopó como centella
Relinchando enloquecido
Hasta donde estaba ella

Con sus patas destruyó
El cerco que los dividía
Y el dueño echó carrera
Aun temiendo por su vida

Tiró la pesada carga
Que la burrita cargaba
Mientras ella con patadas
Su aprobación demostraba

Arrancaron en galope
La burrita y el Corcel
Y aunque sus dueños lo buscaron
Nunca más se supo de él

Pero cuenta la leyenda
Según los viejos vaqueros
Que el Corcel y la burrita
Juntos felices vivieron

Levantaron una raza
Llamados "Mulos de Praderas"
Que demuestra que
cuando hay amor
Nunca existen las barreras

El Desafió

En las huestes celestiales
Una vez hubo audición
Y justo enfrente de Jehová
Todos tomaron posición

Todo bello Serafín
Y Querubín por El creado
Llegaron al tercer cielo
Donde fueron convocados

Allí estuvo Satanás
En su puesto se sentó
Y El Soberano Jehová
Pronto a él le preguntó

¿En que lugares has estado
Antes de venir aquí?
A lo cual el contestó
"Por la tierra discurrí"

Jehová fue muy directo
Y pronto le preguntó
¿Has puesto ojo en mi fiel
Siervo llamado Job?

Satanás dijo "para variar
Alarga la mano y veras
Que al quitarle lo que tiene
Pronto te maldecirá"

Satanás salió enseguida
Y a Job todo quitó
Pero éste aún seguía
Firme y fiel ante su Dios

Pero el diablo no conforme
En la corte apareció
En el rostro de Jehová
Volvió y compadeció

Y Jehová dijo feliz
"Job sigue fiel y recto
Aunque tú sólo le miras
Los humanos desperfectos"

Satanás le contestó
"Piel en interés de piel
Para conservar su alma
Te servirá por interés"

"Ve y prueba a mi siervo
Pero tómalo con calma
Prueba su fidelidad
Mas cuidado con su alma"

El inicuo complacido
Lo maltrató con un divieso
Su enfermedad hizo estragos
Y lo dejó en el puro hueso

Aun así permaneció
Mostrando con valentía
Que el humano puede ser
Leal si se lo proponía

Jehová lo recompensó
Con bendición en demasía
Con el doble de riquezas
Que anteriormente tenía

Tuvo las hijas más bellas
En todita la región
Y su ejemplo sigue siendo
Digno hoy de admiración

Este fue un recordatorio
Que no agravia ni entristece
Que la bendición de arriba
Es en verdad lo que enriquece

El Emigrante

De mi tierra yo venía
Con mi mochila a la par
Buscando una mejor vida
Para a los míos yo dar

Por el cerro yo me fui
En la noche ya muy fría
En el alma yo sentía
Un derroche de alegría

Una esperanza muy viva
En mi corazón latía
De darle una mejor vida
Los que de mi dependían

Que me aguardaba un mundo
Como el que vi en las revistas
Llenas de cosas muy lindas
De cuentos y fantasías

En tan sólo la llegada
Encontré desilusión
Nadie se alegró de verme
Fue muy cruel la decepción

Empujones y malos tratos
Fue con lo que yo me hallé
Mala paga inconveniencias
Y en la calle me encontré

Como añoro a mi pueblito
Aunque feito quizás
Pero con amor y vida
Abrazos, cariño y paz

Ya me voy yo regresando
Todo listo para ir
A mi pueblito querido
De donde no debí salir

El Flojo

Nací en un hogar
Donde todo se me daba
Y de mi boquita
Nada se escapaba

Mis padres siempre fueron
Bastantes permisivos
En ocasiones me iba
Hasta los mismos estribos

Era consentido
Sin más yo poder
El más envidiado
Quería yo ser

Llegue a ser un hombre
Que al trabajo huía
Pero estaba gordito
Porque ¡Como Comía!

Como me encantaba
Comer el Sancocho
La lechita fría
Con rico biscocho

Con remoto en mano
En el sofá vivía
Viendo mis novelas
Todo el santo día

Ya muy enfadados
Mis padres estaban
¡A buscar trabajo!
Ellos me gritaban

Ya no me veían
Con muy buenos ojos
Me había convertido
En un hombre flojo

Un día me vi
Sin mis padres queridos
No sabía hacer nada
Estaba perdido

Pase mucha hambre
¡Que mucho sufrí!
Hasta mis lonjitas
Y pancita perdí

Mucho me lamentaba
Por no haber trabajado
Y nunca haber hecho
Lo de mí esperado

Con muchos esfuerzos
Al fin me mantengo
Pero el hombre flojo
Hoy sigo yo siendo

El ingenuo Roedor

Una vez un ratoncito
Quería cruzar un ancho río
Pero no sabía nadar
Y tenía mucho frío

No sabía como hacerle
Para no salir mojado
Quería su pelo
Lustroso y peinado

Se apareció un cocodrilo
Con ojos amenazantes
Con cola largota
Y con bocota gigante

Inquirió del roedor
Que problema tenía
El ratoncito le dijo
Lo que le afligía

El cocodrilo le dijo
Que él podía ayudarle
Para cruzar este rió
No tendría que preocuparse

El le propuso al ratón
Que en su boca se metiera
Lo llevaría al otro lado
¡Un favor se hace a cualquiera!

Después de pensarlo un instante
En su boca él se metió
El hambriento lagarto
Pronto se lo comió

La moraleja del cuento
No la debes olvidar
"Que no todo el que abre la boca
Lo hace para nuestro bienestar"

El Jíbaro Fino

Una vez una doncella
A una hacienda fue invitada
Para escoger un galán
Que con ella se casara

Y por finos caballeros
Su carroza era escoltada
Y a través de muchos pueblos
En desfile ellos pasaban

Decidieron detenerse
Justo antes de la llegada
Para refrescarse un poco
En una humilde posada

Para todos los presentes
Era una gran novedad
Ya que por aquí nadie pasaba
De la alta sociedad

Sentándose en una mesa
Con su escolta en atención
Todo ojo estaba en ella
Aunque con mucha discreción

El mesonero era un jíbaro
Alto y guapo de apariencia
Mas lo miró con desdén
Y descarada opulencia

Él al traerle lo pedido
Derramó un poco de horchata
Y la dama sin reparos
Le fue brusca e insensata

El jíbaro educadamente
Le dijo que la dignidad
Es una vestimenta hermosa
Que nadie debe pisotear

Que no importa en que clases
Sociales podemos estar
Es un Don dado por Dios
Y que se debe respetar

La dama sintió el bochorno
En su orgulloso corazón
Por este jíbaro atrevido
Y sin ninguna educación

Se puso de pie de inmediato
Y con su guante blanco en mano
Lo tiro en su misma cara
Sin argumentos ni reparos

Salió de allí insultada
Y a la hacienda prosiguió
Y fue justo el mismo día
Cuando al fin ella llegó

En la noche hubo una fiesta
En casa del hacendado
Y todos los caballeros
Tenían sus rostros tapados

Con una negra mascarilla
Lucían muy elegantes
Y cada uno al saludarla
Se inclinaban muy galantes

Comenzó la alegre fiesta
Y todo galán buen mozo
La sacaban a bailar
Con miras a ser su esposo

Había bailado con todos
Pero se pudo percatar
Que uno de aquellos galanes
No la sacó a bailar

Era un caballero guapo
Con estampa gallardía
Con unos ojos hermosos
Detrás de su mascarilla

Fue discreta al comentarle
Al anfitrión de la fiesta
Que faltaba el caballero
De musculosa apariencia

A este se dio la orden
A bailar con la doncella
Y el cortés se apresuró
A tomar la mano de ella

Bailó con precisión
Con paso y ritmo inigualado
Este era el hombre
Que ella quería a su lado

Se anunció la decisión
Y aplaudieron en compás
Se llamo al joven al centro
Para quitarse su antifaz

Mas él fue donde la dama
Y extrajo de su bolsillo
Para sorpresa de todos
Un guante blanco y fino

El rostro de la doncella
Palideció repentinamente
Era el mismo guante blanco
Que le tiró al hombre insolente

Al quitarse el antifaz
Su temor se realizó
Al ver el rostro del jíbaro
La dama se desmayó

Después supo que este hombre
Era hijo del hacendado
Educado en las escuelas
Más prestigiosas del condado

Que tenía varios negocios
Y que bien los atendía
Que era humilde y bondadoso
Y que nunca pretendía

Era un jíbaro fino
Que a los pobres apreciaba
Y aunque era millonario
Nunca a nadie menospreciaba

Ella quedo rendida
A los pies del jibarito
Quería casarse con el
Y darle muchos retoñitos

El tomó la decisión
De pedir su bella mano
Para enseñarle a esta dama
Amor hacia el ser humano

Esta historia nos enseña
Si se es pobre o educado
El orgullo por riquezas
Es concepto equivocado

El Jíbaro Valiente

Soy un jíbaro que quiere
En otras tierras defender
Mi patria y así yo ser
Un héroe muy admirado
Con mi rifle en mis manos
Disparar al enemigo
Así que al pueblo me dirijo
A inscribirme de inmediato
El sargento al poco rato
Mandó a que me revisaran
A ver si en buena salud yo estaba
Para el servicio militar
Y de esa manera ingresar
En las filas de soldados
Me revisaron hasta el rabo
Y el doctor dio el veredicto
Me dijo que aunque era listo
Tenía unos defectos físicos
Me encontraba paralítico
De la espina dorsal
Un juanete colosal
Que parecía un mamey
Y aunque fuerte como un buey
Caminaba un poco cojo
Estaba ciego de un ojo
Y para la batalla no servía
Pues por el otro ojo no veía
Y tenía en la panza gusanos
Tenía los pies ya planos
De tanto caminar descalzo
Todos los dientes eran falsos
Y tenía un brazo postizo
Le dije, "mejor le aviso"
Porque se me quitaron las ganas
Me zumbé por la ventana
Y abajo caí de cabeza
Ahora me da hasta pereza
De salir de mi bohío
No quiero saber de líos
Y mucho menos que me critiquen
Y espero que rectifiquen
Este error tan indulgente
De haber así rechazado
"A este Jíbaro Valiente"

El Jíbaro y el Carey

Aquí esta un experiencia
Que les quiero yo contar
Que me sucedió a mí
Cuando a Borinquen fui a visitar

Estando yo en mi bella isla
Me entró un tremendo antojo
De saborear con mi familia
Un exquisito Carey al mojo

Como en mi pueblo nadie sabía
Pescar tal animal
Me buscaron un jíbaro del cerro
Y nos fuimos rumbo al mar

Yo le dije que me llevara
Al faro de Maunabo
Y el jíbaro me llevó
Al la costa de Naguabo

Con saco en mano, el jíbaro corrió
A buscar dicho Carey
Y sonriente regresó
Y en su saco traía un Juey

Le dije que no eran Jueyes
Lo que mi alma desvelaba
Que era un sabroso Carey
Lo que mi paladar ansiaba

Comprendiendo la tarea
Y mostrando gran destreza
El Jíbaro salió corriendo
Y se zumbó por la maleza

No me quedó más que seguirlo
Mientras pensaba en el Carey
El Jíbaro se subió a un árbol
Y me bajó un gran Mamey

Agarré al Jíbaro de las orejas
Lo tiré dentro de un Maguey
Yo ya daba por perdido
A mi preciado Carey

Más tarde supe en el pueblo
Que el Jíbaro se llamaba Leopoldo
Y aparte de ser Jíbaro
El pobre también era sordo

El Malagradecido

Aquel domingo en la mañana
Fue indudablemente un día
Que llenara mis adentros
Con mucho gozo y alegrías

El nacimiento de mi niño
El que algún día cargaría
Mi nombre y mi descendencia
Aun en mis postrimerías

Muy contento y orgulloso
Salí yo del hospital
Con mi futuro entre mis brazos
Un tesoro sin igual

Con su madre yo quería
Proveerle lo mejor
Y criarlo con principios
Con cariño y mucho amor

Y según el fue creciendo
Como padre lo instruía
Y poco a poco fue creciendo
Mostrando sabiduría

Mientras él se hacía hombre
En viejo yo me convertía
Y un poco de su tiempo
Constantemente le pedía

Pero el nunca encontraba
Un poco de tiempo para mí
Y los días de mi vejez
Fueron los que mas sufrí

¿Dónde estaba aquel aprecio
Que en el había depositado?
Quizás lo eché en saco roto
Y se había desparramado

El anciano se enfermó
Y para decir verdad
Murió más por decepción
Que de la misma enfermedad

El hijo cuando lo enterró
Le invadieron los recuerdos
De tanto que amó a su padre
Pero ahora estaba muerto

Como nunca se lo dijo
Mucho menos demostró
Pero ahora ya era tarde
Para dar vuelta al reloj

Con dolor reconoció
La dura lección aprendida
Que hay que amar a los padres
Cuando aún están en vida

El Pajarito Errado

Una vez el Creador
Hizo un bello pajarito
Con las plumas de colores
Y rosadito el piquito

Al principio no volaba
Se quedaba en su nidito
Donde sus padres traían
Deliciosos gusanitos

Según el tiempo pasaba
El pajarito fue creciendo
Llegó a ser un ave hermosa
Que volaba por los vientos

En los cielos explorados
Muchos pájaros volaban
Y como era amistoso
A él todos se arrimaban

Además lo admiraban
Por su brillante plumaje
Sus colores y matices
Formados en un lindo encaje

Pero había ciertas aves
Que no daban buen aspecto
Y no eran a los cielos
Un adorno o complemento

Comenzaron a expresarle
Al hermoso pajarillo
"Ya el tiempo había pasado
Para lucir tan sencillo"

Tenía que sobresalir
Con aspecto temeroso
Que no se veía bien
Y hasta parecía chistoso

Sus plumas debía cortarse
El aseo pasó de moda
Así lucían las aves
Más admirables de todas

El pájaro siguió el consejo
Y su plumaje fue cortando
Muy desatendido aspecto
Sus alitas fueron dando

Una vez un cazador
Su rancho estaba limpiando
De las aves de rapiña
Que en su cielo iban volando

Al ver al pájaro pasar
Confundido por su aspecto
Al el apunto su rifle
Y de lo alto él fue cayendo

Al tomarlo entre sus manos
Se dio cuenta de su error
Pero sus plumas eran feas
Con desteñido color

El cazador fue corriendo
A curar al ave herida
Todavía había esperanza
De devolverle la vida

Sacó el proyectil hiriente
De su cuello perforado
Sangre corría en sus manos
Como potros en los prados

Pasaron unos cuantos días
Del cual no sabía su suerte
El cazador mucho se afanaba
Por robárselo a la muerte

Al fin se fue recobrando
Con su espíritu y vigor
Se levanto aún cantando
Para alegría del cazador

A sus plumas volvió el brillo
De bellos y tenues colores
Que el creador diseño
En todos sus esplendores

En la ventana el cazador
Soltó el pajarito al viento
Y se fue feliz cantando
Sumamente contento

Aprendió una lección
Que nunca y jamás olvidará
Que hay que tener cuidado
Quienes nos influenciarán

Que según Dios nos hizo
Nos debemos conformar
Que es una simple vanidad
Cambiar para apantallar

El Pequeño Soldadito

En una urbe Mexicana
Como tantas en el mundo
Se encontraba un niñito
Que se llamaba Reymundo

Era muy bien comportado
También limpio y acomedido
En su cuarto todo el tiempo
Estaba todo recogido

Entre muchas cualidades
Era dulce y cariñoso
Con sus padres era siempre
Amable y respetuoso

Una vez lo visitó
Su querido abuelito
Y le dio como regalo
Un pequeño soldadito

Era una bella figurita
De un soldado en atención
Con la vista fija al cielo
Era bella su expresión

En carácter el soldado
Denotaba valentía
Una de las cualidades
Que Reymundo poseía

El jugaba todo el día
Con su bello soldadito
No lo soltaba de la mano
Ni siquiera un momentito

En las noches muy oscuras
Cuando el niño se dormía
Parecía que el soldadito
Empezaba su vigía

Pero al ponerse el sol
Cuando todo era calmado
Prorrumpieron en su hogar
Ladrones empistolados

Apuntando amenazantes
Y pidiendo lo valioso
Le golpearon a su padre
Con pistola en su rostro

Y tomaron lo valioso
Pero antes de huir
A su padre dispararon
Con fogoso proyectil

Pero antes del impacto
Para proteger su padre amado
Reymundito intercedió
Impactándolo el disparo

La ambulancia se llevó
Al niñito al hospital
En solo algunas horas
Su condición era mortal

Los doctores se esforzaban
En delicada operación
Ya que el proyectil se hallaba
Muy cerca al corazón

Los médicos hicieron todo
Para su vida salvar
Aun así recomendaron
Que se preparará el funeral

Los padres y familiares
Se deshacían en llanto
Y en unidos corazones
Desgarrándose en quebranto

El abuelito tristemente
Al niñito visitó
Y el pequeño soldadito
En su manita acurruco

Sus lágrimas se deslizaban
Por su rostro adolorido
Le besaba sus manitas
Aun con audibles gemidos

Con su amiguito en mano
Confrontarían la muerte
Aunque el soldadito fuera
Sólo una figura inerte

Pero era su amiguito
Su fuente de diversión
En su mente de niñito
Llena de imaginación

Y en la noche más oscura
Cuando la vida se escapa
Entre la vida y la muerte
La gran lucha se libraba

Pero al rayar el alba
De mañana muy temprano
El niño abrió los ojos
Con su soldadito en mano

Y sus labios dibujaron
Sonrisa de satisfacción
Cuando vio al soldadito
Paradito en atención

En su mente aún de infante
Donde yace la inocencia
Pensó que su amigo nunca
Se apartó de su presencia

Razonaba que un amigo
En angustias no abandona
Es leal y abnegado
Y te ama a toda hora

Estas son las cualidades
Que se buscan en amigos
Que te dan siempre la mano
Cuando te encuentras caído

Y Reymundo llegó a ser
Hombre bueno y honrado
Y en su mesita de noche
Todavía guarda el soldado

El Pollito Soñador

En lo oscuro desperté
Bajo plumas muy calientes
Soy pollito que nací
Con color del sol naciente

Mis plumitas amarillas
Parecen claro brillar
Mis alitas muy bonitas
Y mi piquito al piar

Corro con mis hermanitos
El maíz quiero agarrar
Con patitas chiquititas
Vuelco todo al escarbar

Un gallo con gallinero
Es lo que yo quiero ser
Para cantar en las mañanas
Y cuando cae el atardecer

Tengo mucho que aprender
Pues la vida es una escuela
Gallinas defenderé
Hasta con pico y espuelas

No habrá gallo más hermoso
No habrá gallo más bonito
Pero ahora me conformo
Con ser un simple pollito

Pero soñar nada cuesta
Dijo un compositor
Por eso es que a mi me dicen
El pollito soñador

El Sembrador Distraído

Un sembrador distraído
Por el campo caminaba
Y sus semillas dejaba
A lo largo del camino
El dueño del campo vino
Y regó la semilla caída
Pronto salieron espigas
En su verdoso fulgor
Orgulloso el se sintió
Del hallazgo afortunado
Su nombre le dio de inmediato
Y por un tiempo lo cuidó
Pero la inquietud lo desvió
Y su interés en el perdió
En el campo lo abandonó
A la inclemencia del tiempo
Fueron duros los momentos
En la triste soledad
Aguantó la tempestad
De los cielos tormentosos
Pero el Todopoderoso
El arbolito en el campo vio

Y con ternura cuidó
Al espigo abandonado
Aun su aspecto demacrado
En seguida desapareció
Hacia arriba el creció
Con su cuidado amoroso
Para todos era gozo
Refrescarse del sol ardiente
Sus ramas eran una fuente
De alivio para el viajante
Un día un caminante
Ya viejo y muy cansado
Se acostó debajo del árbol
Para alivio encontrar
Y no pudo en su mente entrar
Que aquel árbol de su alivio
Era la semilla que en su descuido
En un tiempo había caído
Al sembrador distraído
De su bolsa agujerada
Y que ahora proveía
Frescura para su alma

Esposa para El Norteño

Un norteño una vez perdió
A la mujer que tanto amaba
En pura melancolía
Su corazón se ahogaba

Después de veinte años
Su mujer era esencial
El sentía que sin ella
No podría continuar

Sus amigos se preocupaban
Por su estado emocional
Una nueva compañera
Le querían ellos buscar

Fue en el primer aniversario
De la muerte de su amada
Que ellos decidieron
Buscar quien la reemplazara

Invitaron a Rosita
Que era buena cocinera
Por el estómago quería
Atraparlo como fuera

Estersita era sencilla
Y muy buena costurera
Con sus hilos y agujitas
Quería coserse pareja

Panchita por otro lado
Era fina y elegante
Con postura de princesa
Quería encontrar un galante

Rufilda también estaba
Queriendo casar marido
Con esperanzas de atraparlo
Aunque fuera por descuido

Fueron todas invitadas
Y llegaron preparadas
El era el plato fuerte
De la fiesta celebrada

Rosita hizo la movida
Para llevarse al norteño
Le hizo unos tamalitos
Con rajas de Jalapeño

Se dio una enchilada
Que la trompa le ardía
Su efecto fue evidente
Después de los cuatro días

Ester le cosió unos calzones
Que le quedaron apretados
Le dejaron los pies prietos
Porque los tenía ahorcados

Panchita con su elegancia
Tiró anzuelo al pescadito
Pero en una dobladita
Se le salió un airecito

Rufilda lo quería atrapar
Y estaba muy pendiente
Pero en una estornudada
Voló su caja de dientes

Se fue de la fiesta triste
Ya que ninguna le dio al clavo
Toda cualidad buscada
Por el viudo desahuciado

En verdad con todas ellas
El quedó muy engañado
Pero mejor es quedarse solo
Que estar mal acompañado

Se fue a tomar un café
Para despejar la mente
La mesera lo abordó
Muy amigablemente

Al pedir ella la orden
De pronto lo anonadó
Esta sencilla mujer
Enseguida lo encantó

Su belleza translucía
Sus encantos de mujer
No había anillo en su dedo
Solterita ha de ser

El norteño hizo costumbre
De ir ahí a tomar café
En su mente se decía
Esta mía ha de ser

Encontró lo que buscaba
Por no dejarse apantallar
Aunque su difunta esposa
Nunca podría reemplazar

Feliz en mi Granja

En mi granja soy un hombre
Feliz sin más no poder
Pues tengo unos animales
Que hay que ver para creer

Tengo un Burro inteligente
Que sabe leer y escribir
Sabe ciencia y matemática
Y de impecable vestir

Tengo una gallina sueca
Que teje y es diseñadora
Baila flamenco y Rumba
Y es muy buena ponedora

Tengo un perro pura raza
Campeón en natación
Juega Tenis y Béisbol
Y es experto en el Ping-Pong

Tengo una vaca lechera
Campeona de Karate
Sabe Judo y Lucha Libre
Y da leche con Chocolate

Tengo un puerco que es muy limpio
Jugador de Baloncesto
Tiro al Blanco y Alpinismo
Cuentan entre sus talentos

Tengo un Gallo escritor
De canciones y poesías
Compositor y arreglista
De sus propias melodías

Tengo un Pato que es Rapero
De Ragae y Regatón
Sus discos son valorados
En casi medio millón

Tengo un Gato contratista
Graduado en Universidad
Tiene una casa en el campo
Y un condominio en la ciudad

Soy un hombre muy dichoso
Que a mis animales encomio
Desde mi lugar de residencia
Que se llama el Manicomio

Gracia por Desgracia

Una noche una mujer
Por la calle caminaba
Pero no se daba cuenta
Que unos hombres la miraban

Daba pasos apresurados
Para no ser detectada
Pero ellos como lobos
Muy de cerca la acechaban

Al pasar por un lugar
Muy oscuro y desolado
Echaron todos carrera
Hasta haberla alcanzado

El ataque fue violento
Con repercusión traumante
Para la joven muchacha
Simplemente horripilante

La abusaron sexualmente
Como animales nocturnos
Uno a uno estos salvajes
Con ella tomó su turno

La desgracia se hizo doble
Al salir embarazada
Procreó una criatura
Sin siquiera ser amada

Llegó hasta aborrecer
Lo que su vientre cargaba
Día y noche ella lloraba
Y la angustia la embargaba

El sólo pensar que la criatura
Ni siguiera tendría padre
Le hizo tomar la decisión
De ir a los servicios sociales

Solicitó el Medical
Para pronta extirpación
Pues pensaba que el aborto
Sería la mejor solución

Y durante la entrevista
El trabajador revisaba
Mientras ella tristemente
En pura angustia se ahogaba

El pedía información
Mientras ella recalcaba
Que en verdad era emergencia
Porque un aborto deseaba

Mas el con tiernas palabras
Le hizo tener empatía
Por el bebé en sus adentros
Y el cual culpa no tenía

Le leyó una poesía
De un bebé en formación
Que le daba voz audible
Al bebito en gestación

El bebito relataba
La formación de sus manitas
Como pronto el estaría
En los brazos de mamita

Con ellas acariciaría
La dulce cara de su madre
Como a ella brindaría
Miles de felicidades

La muchacha no podía
Contener su amargo llanto
Corrió de las oficinas
Con su espíritu en quebranto

Así pasaron los años
Y el volvió a su rutina
Sólo era un caso más
Pasando por su oficina

Más del vestíbulo una vez
Temprano por la mañana
Recibió el trabajador
Una urgente llamada

Era una voz femenina
Que lo llamaba con urgencia
Y resultó ser la misma
Joven de la emergencia

Fue una agradable sorpresa
Para los dos por igual
Y su pasado distante
Se puso ella a relatar

De su horrible experiencia
Que la hizo desdichada
Y maldijo aun con odio
El bebito que cargaba

Mas decidió no hacerle daño
A la inocente criatura
Y hacerle frente a la vida
En las verdes y maduras

Y le presentó una niñita
Con pelo rizo castaño
Con carita de angelito
Quizás de unos cuatro años

Era su razón de vida
Lo más bello de ese mundo
Sin ella no podría vivir
Ni siquiera un segundo

Con lágrimas en sus ojos
Con ternura lo abrazó
Dándole miles de gracias
Porque su aborto evitó

Tomo a su niña sonriente
Y a él se la presentó
Dijo,"Este es el producto
Del amor que usted me brindó"

"Siempre lo recordaré
Por el consejo que me dio
Y de un regalo otorgado
Sólo por mano de Dios"

Inquebrantable Integridad

Era un triste muchachito
Que nunca tuvo mamá
Y aunque tenía a mi padre
Sentía mucha soledad

Papá a mí me contaba
Que había sido mala mujer
Que con otros había querido
Su vida ella rehacer

Con rencor la recordaba
Aunque no la conocía
Más odio le cultivaba
Según pasaban los días

Me sentía desdichado
Sin poderme recobrar
Como de ninguna de "ellas"
Me dejaría engañar

Eran de no confiar
Así era como pensaba
Nunca sería su presa
Por más duro que trataran

Una vez una señora
De mirada deliciosa
Me habló entusiasmada
De cosas maravillosas

De un hermoso paraíso
Donde abundaría la armonía
Como allí podría vivir
Si es que me lo proponía

En mí entró desconfianza
Muy grosero la traté
Le grité a su dulce cara
Y de mi puerta yo la eché

Aun cuando se encontraba
En la puerta todavía
Entró mi padre corriendo
Y suplicando me decía

Por favor a esta señora
Te pido trates con cariño
Mucho ella ha sufrido
Al perder su hermoso niño

Una vez quiso servir
Al Dios Todopoderoso
Golpes y malos tratos
Recibió ella de su esposo

En un día de gran furia
A la calle él la echó
Así fue que perdería
Al hijo que tanto amó

Me dijo con voz muy suave
¿Acaso no has comprendido?
Esta es tu linda madre
Que nunca estuvo contigo

Con lágrimas en los ojos
La abrasé muy fuertemente
Le dije como ella siempre
Había estado en mi mente

Ella llorando nos dijo
Lo mucho que nos quería
Como aún la esperanza
De estar juntos no perdía

Mi padre tomó su carita
Y mirándola a los ojos
Dijo, "vuelve a casa pronto
A Dios serviremos todos"

Ahora todos ya servimos
Al Dios Todopoderoso
Como una familia unida
Con amor y mucho gozo

Juan Bobo y El Jamón

Una vez en un pueblito
De una familia afluyente
Vivía una hermosa niña
Contristada grandemente

Milagritos se llamaba
Esta niña acongojada
Sentimientos de dolor
En su rostro reflejaba

Sus padres muy preocupados
Consultaron con doctores
Que examinaran la niña
Y detectaran sus dolores

No jugaba con muñecas
Ni corría por el patio
Se sentaba en el balcón
Y miraba hacia el espacio

Pero en su pueblo vivía
En una humilde residencia
Un joven a quien veían
Muy falto de inteligencia

Lo conocían por Juan
Pero le decían "El Bobo"
En verdad no era halagante
Que llevara tal apodo

Pero Juan era inocente
Y hasta sabio en su simpleza
Solo era un jibarito
Educado en la pobreza

Una vez su abuelita
Lo envió a hacer un mandado
Y le escribió en un papelito
Lo que quería del mercado

Quería una pata de jamón
Y que comprara una cuerda
Para amarar su cabrita
Que por el barrio andaba suelta

Juan Bobo entendió
Lo importante del envió
Y muy contento se sintió
De salir de su Bohío

Fue y compró lo requerido
Pero encontraba pesado
La enorme pata de Jamón
Que su abuela había encargado

Se acordó como amarraba
Los cerdos su tío Antonio
Y este jamón pesaba
Más que un mismo matrimonio

Sin pensarlo aun dos veces
Agarró el jamoncillo
Y con la soga que compró
Lo amarro por el tobillo

Se quitó el peso de encima
Y como si estuviera vivo
El jamón fue arrastrando
Por todo el largo camino

No parecía buena idea
Pero de cargarlo se libró
Y por enfrente de la casa
De la niña él pasó

Milagritos miró atenta
Como el contento caminaba
Mientras detrás de sí
El jamoncillo arrastraba

Fue la escena más graciosa
Que en su vida presenciara
Y Milagritos prorrumpió
En alegres carcajadas

Al oír la algarabía
Expresada en emoción
La familia en unísono
Corrieron hacia el balcón

Presenciaron a su niña
Que con cara de emoción
Observaba a Juan Bobo
Que arrastraba su Jamón

Esta hazaña era en sí
De valor incalculable
Y que daba nuevos bríos
Y alegría inmensurable

Los padres de Milagritos
De puro agradecimiento
Construyeron una casa
Desde los mismos cimientos

Era un regalo que Juan
La verdad no se esperaba
Y todo por arrastrar
Un jamón por la barriada

De Milagros fue vecino
y su amigo confidente
y la cara de esta niña
Siempre estuvo sonriente

Juan ilustra bien el caso
Que lo material no es todo
Y al casarse con Milagros
Demostró que no era bobo

Derivado del cuento "Juan Bobo y el Jamón"

La Bella Ave Oruguera

Una vez una Paloma
Calentaba su huevito
Pero para alimentarse
Voló y lo dejó solito

Pero un ave de rapiña
Con su vista penetrante
Vio una buena oportunidad
De con un huevo alimentarse

Pasando un ave Oruguera
En medio de su camino
En su búsqueda precoz
Desocupado encontró el nido

Depositó allí sus adentros
Y abandonó así su herencia
Y la paloma regresó
Sin notar la diferencia

Según los días pasaron
Con mucha dedicación
La Paloma cuidó el huevo
Aun con mucha abnegación

Al tiempo se oyó el picotear
Pronto el huevito estalló
Un hermoso pajarito
De sus adentros salió

La Paloma le buscaba
Los manjares exquisitos
Y con amor depositaba
En su abierto piquito

Llegó a ser hermosa ave
Y en armonía vivían
En existencias comunes
Aunque no se parecían

La Paloma con destreza
La hecho a volar a los cielos
Pero el ave un día salió
Dejándola sola de nuevo

Ella quedó muy triste
Pero con misión cumplida
Eso es lo que se aprende
En la escuela de la vida

Pero una vez la Paloma
Mientras en los cielos volaba
Pareció una presa fácil
A un halcón que la observaba

El raptor como una flecha
Desde arriba se tiró
Mientras se decía a si mismo
Hoy paloma como yo

Mas un ave Oruguera
Vio la Paloma pasar
Que volaba fuertemente
Para su vida salvar

Más reconoció el plumaje
Quien su madre un día fuera
Los recuerdos inundaron
A la Ave Oruguera

De inmediato intercedió
A defender su madre amada
Y el halcón le asestó muerte
Con sus garras afiladas

Y así perdió la vida
La bella Ave Oruguera
Lo dio todo por su madre
Sin que ella lo supiera

Tampoco supo la Paloma
Que esa no fue su cría
Y que se dio en sacrificio
Para salvarle la vida

El amor lo puede todo
Como demostrado queda
Y da la vida misma
Cuando se ama de veras

La Cárcel de Colores

El joven pintor pintaba
Sus más bellas creaciones
De paisajes coloridos
En sus más bellos colores

Su imaginación volaba
Con sus toques explosivos
Con su brocha daba vida
Al tapiz emblanquecido

Su colección era mostrada
En museos y galerías
Su nombre reconocido
Desde China hasta Hungría

Mas pintó un bello cuadro
De una escena deprimente
Una de las grandes obras
De su talentosa mente

La pintura era de un joven
Bello pero andrajoso
Maltratado y desnudo
En un frío calabozo

Su cuerpo frágil y enfermo
Amarrado con cadenas
Que parecía estar cumpliendo
Una muy larga condena

El pintor reflexionaba
Y con gran consternación
Se encontraba intrigado
Por su propia creación

El enigma de su cuadro
Lo llenaba de ansiedad
Y no encontraba la clave
De su real identidad

Su vida era compensada
Con elogios y fortunas
Y el pintor llegó a excederse
Con el néctar de las uvas

Por su propia prepotencia
Y conducta inapropiada
No se escapaba al paparrazi
Que por doquier fotografiaban

Sus abusos publicados
En la prensa y las revistas
Ya tenía más prominencia
Por ebriedad que por artista

Aunque seguía siendo admirado
Su reputación sufría
Ya era un viejo alcoholizado
A quien nadie comprendía

Lo llevaron a morir
A su excéntrica mansión
Y a su cama justo al frente
De su más bella creación

El muchacho encadenado
El eterno prisionero
Que le brindó reconocimiento
Fama, lujos y dinero

Lo miraba desde el cuadro
Prisionero todavía
Y observaba con tristeza
A su pintor en agonía

Al momento de su muerte
Antes de su cataclismo
Se dio cuenta que el muchacho
No era otro que sí mismo

Su servidumbre lo encontró
Como a eso de las siete
Mas vacío estaba el cuadro
Y colgaban los grilletes

Así fue que el joven reo
En colores condenado
Con la llave de su muerte
Pudo al fin ser liberado

La Eterna Suplicante

En un pueblo muy pequeño
Vivía una pobre familia
Manteniendo a ocho hijos
Con frijoles y tortillas

De los ocho era la cuarta
Niña más primorosa
Pero su madre la trataba
Como si fuera poca cosa

La niñita no entendía
Porque tanto desamor
Muy solita se sentía
Era profundo su dolor

De muy malos sentimientos
Se llenaron corazones
La niña ahora mujer
Creía tener justas razones

Y su anciana madrecita
Todavía la ignoraba
Y con malos sentimientos
A su hija aún le guardaba

Era en verdad un enigma
Porque mucho se parecían
Y la hija era un reflejo
De lo que fue su madre un día

Pero al final de su existencia
La madre se condolió
Pedirle perdón a su hija
La verdad no se atrevió

Una vez en el mercado
La anciana vio una estatuilla
De una mujer con blancas flores
Que estaba hincada de rodillas

Pagó por ella unos centavos
Y a su hija se la dio
Era un símbolo vidente
Del perdón que no pidió

Fue un obsequio sin valor
En sentido material
Pero para la ancianita
Tenía valor sentimental

Y la anciana se durmió
En la muerte para siempre
Sin nunca pedir perdón
A su hija aún doliente

La estatuilla ella tomó
Y la postró en una esquina
En el suelo de su casa
Con las flores de rodillas

La eterna suplicante
Del perdón nunca pedido
Del que nunca fue escuchado
Mucho menos conferido

Y la estatua que no habla
Muestra una maravilla
Que el perdón cuando es sincero
Se pide hasta de rodillas

Que no deben existir
Inexpresados rencores
Que el perdón pronto elimina
De la vida sinsabores

Si la anciana hubiera pedido
El perdón con sinceridad
No haría falta que pidiera
Perdón por la eternidad

La Niña Escandinava

Carolina era el nombre
De la niña Escandinava
Es humilde en apariencia
Muy sublime es su mirada

Ella es pobre y muy sencilla
Pero rica en cualidades
Pero en su brazo llevaba
Un bochornoso tatuaje

Concienzuda lo disfraza
Con trajes de manga larga
Cubren dolor y penuria
Y un secreto que la amarga

Una vez un joven rico
Y con sangre de realeza
Vio a la niña Escandinava
Que lo impactó con su belleza

Su familia no quería
Que llegara a matrimonio
Pero en contra de los padres
Ellos se hicieron novios

Él a ella le decía
"Lo importante no es riquezas
Ni la posición social
Ni siquiera la nobleza"

"Lo importante es que te amo
Y con corazón gozoso
Dejaría todo atrás
Por llegar a ser tu esposo"

La noche del compromiso
Toda la alta sociedad
Se dieron cita en la mansión
Para este evento presenciar

La familia hizo el esfuerzo
Por poner un buen semblante
Luciendo a la sociedad
Sus exquisitos diamantes

Carolina aunque nerviosa
Muy hermosa se veía
Pero frente a la familia
Poca cosa se sentía

Llego el momento esperado
Y Gabriel se arrodilló
Saco el anillo de su saco
Y en su dedo lo ciñó

Mas la manga del vestido
Poco a poco se subió
Y el incógnito tatuaje
Ante todos descubrió

Hubo gritos de sorpresa
La multitud murmuraba
Carolina se echó a fuga
Mientras herida sollozaba

El joven la fue a alcanzar
En sí hubo humillación
Y de vuelta la condujo
Para dar explicación

Relató enfrente de todos
Como comenzó su vida
Llena de tierno cariño
Con su amorosa familia

De pronto estalló la guerra
Ellos fueron reubicados
Y en campos de concentración
Todos fueron encerrados

En sus brazos indelebles
Números fueron tatuados
Una señal en sus pieles
Que nunca más serian borrados

El trabajo y la inclemencia
Junto a castigo y miseria
Acabó con su familia
Ahora sola estaba ella

Por la Gracia de Jehová
Con su vida ella escapó
Y el tatuaje en su brazo
Desde ahí la acompañó

La tristeza se notaba
En todo rostro presente
Y las lágrimas fluían
Como aguas bajo puente

Pero él tomó su mano
Con su tatuaje aun marcado
Y arrodillándose ante ella
Le dijo, "Mi amor, como te amo"

La pidió en matrimonio
Para aun siempre vivir
Y su vida al lado de ella
Él poderla compartir

Los aplausos prorrumpieron
Entre todos los presentes
Haciendo línea ante los novios
A quien besaban tiernamente

La boda fue esplendorosa
Con el hombre de sus sueños
Y en su brazo estaba ausente
Aquel infame recuerdo

La Roca

Una vez un cristiano
Con el diablo contendía
Con suplicas y oraciones
Ayuda a Jehová el pedía

Con sus fuerzas desinfladas
El cristiano se sentía
Ante este vil malvado
La victoria el no veía

Una vez El Creador
Sus suplicas escuchó
Ayudar al temeroso
Él así lo decidió

Él le dijo que saliera
De su lugar de habitación
Que se fuera monte adentro
Ahí estaría la solución

El hombre emprendió camino
Y por mucho caminó
Hasta que una enorme piedra
Su paso obstaculizó

El Altísimo le dijo
"La roca debes empujar
Día y noche y de continuo
Para tu alma salvar"

Acto seguido el comenzó
La tarea imprescindible
Aunque mover este peñasco
Parecía casi imposible

Día y noche la empujó
A través de males tiempos
Empujó y empujó
Con toda fuerza y aliento

Pero Satanás lo vio
Y sutilmente se acercó
Con sus palabras melosas
Al cristiano desanimó

"¿Para que mueves la roca?
¿Estas ciego o aturdido?
Después de todo tu esfuerzo
Ni un centímetro has movido"

El cristiano lo escuchó
Pronto se dejó engañar
Y la piedra gigantesca
El dejo de empujar

Se regresó a su casa
Con heridos sentimientos
La tarea por Dios dada
Fue una pérdida de tiempo

Pero Dios a él le dijo
"No dije que moverías
Que empujaras y empujaras
Fue la instrucción conferida"

"Además mira tus piernas
Tus brazos, manos y pecho
Eres fuerte y corpulento
Por todo el esfuerzo que has hecho"

"Ahora con fortaleza
Harás frente al enemigo
Y todo por haber hecho
Las cosas que de ti he pedido"

"Gracias Jehová, mi Dios Santo
Nunca más yo dudaré
Ahora y por la eternidad
Sólo a ti yo escucharé"

La Última Pelea

Por allá en Barceloneta
En la finca de Edelmiro
Era el rey indiscutible
Su precioso gallo jiro

Era un magnifico ejemplar
Que había dado dividendos
Entre espuelas afiladas
Muchos gallos habían muerto

El llevaba cicatrices
En su aguerreado cuerpo
Pero su más visible herida
Era que se hallaba tuerto

En la finca una gallina
Empolló de sus adentros
La prole que dejaría
Su futuro testamento

Con su ojo orgulloso
Miraba al bello polluelo
Dando evidencia de ser suyo
Con su igual plumaje negro

Le salieron las espuelas
Y pronto comenzó a cantar
De su jaula él lo observaba
Con orgullo en su mirar

Mas su dueño lo vendió
A uno de sus muchos socios
La vida de un gallo fino
Sólo era un buen negocio

Mas su dueño decidió
Al jiro por último jugar
Para luego retirarlo
Y ponerlo así a castar

Todo estaba preparado
En juego de caballeros
Que con palabra de honor
Apostaban su dinero

Como siempre, era el jiro
Favorito en la concurrencia
Pues jamás había perdido
En todita su existencia

Lo encararon con el gallo
Que picarlo pronto quiso
Y las plumas de su cuello
Se pararon como erizo

Al soltarlo enfurecido
Tiró sus patas de inmediato
Dejó tuerto al contrincante
Con su primer espuelazo

Tras el momento del impacto
Al volver a confrontarse
Pudo el reconocer
Quien era su contrincante

No era otro que su hijo
Igual de tuerto que su padre
¿Cómo podría darle muerte
A la sangre de su sangre?

El jiro no levanto patas
Ni agredió con ofensiva
Antes de matar su hijo
Prefirió entregar su vida

Su hijo se levantó
Con la muerte en su mirada
Y la espuela le clavo
En su pecho que él sacaba

Y su hijo sin saberlo
Levantó espuelas mortales
Y al jiro le dio muerte
Sin saber que era su padre

Y murió valientemente
El que nunca había perdido
Más en su última pelea
Dio la vida por su hijo

Mi Pueblo y Yo

A mi terruño regresé
Después de tres vidas ausente
A un lugar de mi pasado
Que no sacaba de mi mente

A la hora de mi llegada
No hubo fiesta ni fanfarria
Solo era una cara más
De las muchas en mi patria

El camino polvoriento
Me llevó al pequeño pueblo
Que un día me vio nacer
Y seguro me vería muerto

Al igual que mis parientes
Mis vecinos han partido
Soy extranjero en el lugar
Donde mismo yo he nacido

El tiempo aquí parece
Corre con más lentitud
Quizás pueda aquí estirarle
A mis años longitud

Aun el ruido de los autos
Que por mi pueblo vueltas dan
Su motor escopetean
Y jadean con afán

Ya las calles de mi pueblo
Se encuentran casi desiertas
Los mercaderes de antaño
Han cerrado ya sus puertas

Y las lindas muchachitas
Que coqueteaban en balcones
Ya son viejas regañonas
Con maridos mandilones

Y la plaza del mercado
Donde la alegría abundaba
Y durante la merienda
Se reunía la muchachada

Ahora ahí se vende droga
Y como coliseo romano
Tú no pones pie en sitio
Si no traes pistola en mano

¿Qué ha pasado con mi pueblo
Donde las mariposas volaban
Y desde lo alto del un árbol
El pájaro feliz cantaba?

Donde la inocencia de un niño
En sus ojos vislumbraba
Una mente incorrumpida
Y por padres resguardada

Parece que todo ha pasado
Intencionalmente o por descuido
El pueblo de mis añoranzas
Poco a poco se ha perdido

Pero al fin recapacito
Y miro aun dentro de mí
Que tampoco soy el mismo
Hombre que una vez fui

Pues el pueblo también me mira
Con ojos muy diferentes
¿Acaso no es este el niño
Que salió de aquí de repente?

Me acuerdo de la lozanía
Que reflejaba en su bella cara
Con alegría en su sonrisa
Y melodiosa carcajada

Ya casi ni lo conozco
Está viejo y encorvado
Me abandonó cuando podía
Darme su duro trabajo

Ahora viene cansado
Sin aliento en sus entrañas
Mal humorado y criticón
Con sesenta años a espaldas

Llegando con esperanzas
De encontrar la gran ciudad
Pero los dos somos iguales
Somos el tal para el cual

Nuestras miradas reflejan
La simple singularidad
El tiempo no pasa en vano
Y esa es una gran verdad

Mi Vecina

Yo tenía una vecina
Que por mi hasta se moría
A donde quiera que yo iba
Ella a mí me perseguía

Mi madre a mí de decía
No la trates con desprecio
Trátala bien todo el tiempo
Con gentileza y aprecio

Déjenme yo contarle
Los defectos que tenía
Como un futuro con ella
La verdad yo no veía

Lo primero que tenía
Que en verdad me disgustaba
Tenía una pierna mas corta
Y coja ella caminaba

Tenía un ojote grande
Con otros bien apagado
Y cuando ella me miraba
Me dejaba espantado

Era chaparra y redonda
Por su cojera ladeaba
A ningún lado me iba
Sin que ella me espiara

Tenía en su boca un colmillo
Que cuando reía mostraba
Un beso por esa boca
La verdad no imaginaba

Era fuerte como un buey
Pues la leña ella cortaba
Hasta mecánica echaba
Y el carro levantaba

Esto no podía ser
Que con ella yo me case
Que vaya a tener mi vida
Tan horrible desenlace

Esto era lo que pensaba
Hasta que bajo de peso un día
Ya caminaba muy bien
Pues se hizo cirugía

La boca ella se arreglo
Su sonreír era bello
Su vestir era exquisito
Como una flor en destello

Su párpado se le ensanchó
Su mirar se hizo parejo
Miraba con tal dulzura
Que me dejaba perplejo

Empecé a enloquecerme
Le daba mil atenciones
Con mariachi en la ventana
Le llevaba mis canciones

Una vez ella me dijo
"Tu atención no me es sincera
Porque tú evaluaste
Todo lo que había por fuera"

"En ti no tengo interés
Ni me halagan tus piropos
Te creías aguililla
Y estas ciego como un topo"

Los papeles han cambiado
Ahora la vecina sale
Desde casa la vigilo
Con mis binoculares

No confundas la Libertad

En su granja el ganadero
Sus ovejas bien cuidaba
Todo su tiempo y esfuerzo
Él a ellas dedicaba

Su pedazo de terreno
Se encontraba bien cercado
Aun así su escopeta
Estaba cerca de sus manos

Pues en el bosque residían
Grupos de lobos hambrientos
Que querían de sus ovejas
De almuerzo suculento

Y sucedió en cierta ocasión
Mientras estaba en su cabaña
En una noche de insomnio
Cuando no pegó pestaña

Que se oyeron los berridos
De sus ovejas asustadas
Que corrían espantadas
De los lobos que atacaban

El agarró su arma de fuego
Y bajo la luz plateada
Uno a uno iban cayendo
Pues su bala era acertada

El cañón de su escopeta
Escupía munición
Con su dedo en el gatillo
Los mataba de a montón

Tras de sí sintió una sombra
Y girando decidido
En un poste temblequeaba
Un pequeño cachorrillo

Con el lobillo en la mira
Decidiría su fortuna
Mientras sus ojos brillaban
En la blanca luz de luna

Era blanco cual paloma
Y gemía de temor
Lo que él necesitaba
Era comida y amor

Bajando su arma de fuego
Despacio se le acercó
Lo agarró de su peluche
Y en su faldo lo metió

Como la nieve que desciende
Al bañarlo resplandeció
Igual que la luz nocturna
Que una noche lo alumbró

Poco a poco fue creciendo
Era bello sin igual
Y el granjero lo amaba
Más que ningún otro animal

El lobito a las ovejas
Les tenía mucha afección
Y éste llegó a ser para ellas
Su medio de protección

Pues se había convertido
En un fuerte lobo blanco
Al mostrar sus colmillos
Causaba grande sobresalto

Una vez salió el granjero
A comprar los comestibles
Pero del monte descendieron
Lobos salvajes y temibles

Se acercaron a la verja
Y llamaron su atención
Sus colas abanicaban
En una muestra de afección

El granjero le había dicho
"A la cerca no te arrimes
Pues hay peligros escondidos
En verdad indescriptibles"

Paso por alto este consejo
Al ver el grupo tan contento
Y la instrucción conferida
La tiró a los cuatro vientos

Se saludaron cordialmente
Y casi fue inmediatamente
Que comenzaron a infiltrarle
Ideas en su joven mente

"¿Qué haces ahí encerrado?
¿Por qué no buscas libertad?
Lo cierto es que tú no sabes
Lo que es vivir de verdad"

"Nosotros vivimos libremente
Con placer nos divertimos
No le damos cuenta a nadie
De a donde fuimos o venimos"

La idea le pareció estupenda
La verdad tenía sentido
"Está bueno de estar preso"
Se decía convencido

Enseguida cavó un hoyo
Por debajo del cercado
Con sus nuevos compañeros
No estaría esclavizado

Cuando el granjero regresó
Se percató de lo ocurrido
Y lloraba adolorido
Por su lobito querido

Mas pasó la primavera
Y el verano resplandeciente
Y las hojas del otoño
Cayeron casi de repente

El invierno ahora rugía
Con ruidosos ventarrones
La comida estaba escasa
Nieve caía de a montones

El lobito meditaba
Como el granjero lo cuidaba
Siempre al lado de el
Nunca le faltaba nada

De momento el lobo Alfa
Dio la orden de atacar
Las ovejas del granjero
Y su hambre así saciar

"Por favor no las ataquen"
Imploraba de rodillas
"No les vayan a hacer daño
Para mí ellas son familia"

"No hay familia que valga"
El Alfa gruño amenazante
"O nos comemos las ovejas
O nos morimos de hambre"

Bajaron todos del bosque
Con el lobito reluctante
Pues la presión de grupo
Fue más fuerte a su aguante

Atacaron las ovejas
Que corrían espantadas
De pronto salió el granjero
Con su escopeta bien cargada

Ban Ban, tronaban las balas
La historia se repetía
Y uno a uno iban cayendo
En la nieve aun sin vida

Mas el granjero percibió
A sus espaldas un peligro
Y giró con su escopeta
Y su dedo en el gatillo

Era su lobito blanco
Que al momento le imploraba
¡No me vayas a matar
Soy aquel a quien tú amabas!

"¿Acaso ya no te acuerdas?
Aquí me hallaste temblando
Con todo el amor del mundo
Me acogiste en tu faldo

El granjero lo estudió
Su peluche blanco un día
Estaba sucio y descuidado
Y mal olor él percibía

Él Le contestó convincente
Después que lo observó
"No te conozco asesino"
Y su escopeta disparó

Y fue así como murió
El lobito en aquel día
Y todo por escuchar
A las malas compañías

Paradoja de un Soldado

Recibieron la llamada
Mas alegre se diría
De aquel hijo que una vez
Partió a la guerra un día

El conflicto se libraba
Supuestamente con Sadam
Pero luego fue enviado
Al país de Afganistán

Era igual a cualquier guerra
Donde tantos aun están
Y su vida sacrifican
Luchando contra el Talibán

Y a través del receptor
Se escuchó la voz ansiada
Y su madre daba gritos
Y lloraba emocionada

El había regresado
Después de cumplir misión
Como ave que regresa
De su larga emigración

Se escuchó la algarabía
El momento de emoción
Y él un poco más calmado
Les hizo una proposición

Como enjambrosa ave
El estaba acompañado
De un soldado que su vida
Junto a él había arriesgado

En un encuentro feroz
Perdió dos extremidades
En el campo de batalla
Dejó sangre y facultades

Con honor y valentía
A su patria defendió
"En sus manos de seguro
Fue que Dios depositó"

El hacia su compañero
Sentía una obligación
De ayudarlo como fuera
En su rehabilitación

A sus padres convincentes
Les hizo una proposición
De ayudar a este soldado
Inválido y sin atención

Más no fue bien recibida
Y hasta con cierta dureza
Le dijeron a su hijo
¡Que había perdido la cabeza!

Que velara por sí mismo
Que lo ajeno no importaba
"Y que él no se metiera
En camisas de once varas"

"Si en verdad quería ejercer
Con su amigo en necesidad
Lo mejor sería dejarlo
En un centro de comunidad"

El quedó entristecido
Y para decir verdad
No esperaba de sus padres
Esa falta de bondad

Mas no los volvió a llamar
Y justo a los cuatro días
Al contestar ellos su puerta
Se encontraba un policía

Les dio la mala noticia
Que les dejó la sangre fría
"Su hijo se quitó la vida"
Y que deveras lo sentía

Se tiró de una azotea
Dijo con consternación
Y que fueran a la morgue
Para identificación

Se abrazaron sollozando
Y gimiendo en agonía
Pensaban que esta desgracia
Estaba llena de ironía

Él no había sido alcanzado
Por las balas enemigas
Y justo en el patio de su casa
Es que perdería la vida

Llegaron a San Francisco
Con el corazón partido
Para así dar testimonio
E identificar su hijo

En la morgue percibieron
El distintivo olor a muerte
Y cuando halaron la gaveta
Donde él cuerpo estaba inerte

Quedaron estupefactos
Agonizando en ansiedad
Del cadáver de su hijo
Y su estado corporal

Pues a éste le faltaban
Y le habían amputado
Las mismas extremidades
Que al soldado sin amparo

Y sus padres comprendieron
La identidad del veterano
Que estaba incapacitado
De quien él había hablado

No era otro que sí mismo
Que regresaba con los suyos
Después de haber defendido
A su patria con orgullo

En el campo de batalla
No corrió, ni hizo huida
Fue valiente en la batalla
Mas cobarde ante la vida

Por Esmayao

Por mi isla Puerto Rico
Es que mi corazón suspira
Por eso fue que decidí
Irme a ella en una gira

Quería probar los platillos
Típicos de mi Bohío
Fui saliendo de San Juan
Con el estómago vacío

Agarré la número dos
Y llegué a Bayamón
Allá me di un banquetazo
De su rico Chicharrón

De la jartera que me di
Con tanta grasa en proporción
Fui a parar al hospital
Chillando como un lechón

Saliendo de Bayamón
Seguí mi ruta por Cataño
Saboree la Pana de Pepita
Más riquísima del Año

Me dieron una de gases
Que del pueblo fui echado
Parecía furgoneta
Con el mofle agujerado

Me pasé por Toa Baja
Y me agasajaron con Piononos
De tanto guineo ingerido
Parecía un mismo mono

Pronto seguí mi camino
Y llegué a Vega Baja
Me metí en una maleza
Y me jarté de Guayabas

Fui a parar a Tortuguero
Con tremendo estreñimiento
Me ataqué diez alcapurrias
Para soportar el sufrimiento

Ya casi languideciendo
Fue que llegué a Manatí
Donde me comí una sopa
De Plátano con Ají

Ahí terminó mi gira
Porque Salí disparao
A buscar con que apagar
Mis calzones incendiao

El doctor después me dijo
Que si a Barceloneta hubiera llegao
De seguro estuviera muerto
Y todo, por esmayao

Tradiciones

Me encontraba enamorado
De una linda muchachita
De pelo largo y lustroso
Y de apariencia exquisita

Todas las tardes yo iba
A contemplar su bella cara
Pero su padre no dejaba
Que ni un dedo le tocara

Solo a dulces miradas
Era que me restringía
Pero estrecharla entre mis brazos
Era lo que yo quería

En una de mis visitas
De pronto hubo un apagón
Esta era mi oportunidad
Para darle un apretón

El viejo vio claramente
Lo que yo en mente traía
He hizo casi lo imposible
Para proteger su hija

Dijo inmediatamente
Que chiflara y aplaudiera
Ni besitos, ni apretones
Me dejó que yo le diera

El apagón duró una hora
Los labios tiesos tenía
De chiflar por tanto rato
Y las manos me dolían

Nunca se me olvidará
Aquella dolorosa visita
Pero estaba decidido
A casarme con la chica

Después de la ceremonia
Ya me consumían las ganas
Pero no me la llevé
Sino hasta las "dos semanas"

Pues el suegro me explicó
Que según "Las tradiciones"
Ese tiempo es dedicado
Para "Las Meditaciones"

Aunque al fin me la llevé
El viejo nos acompañó
Toditito el viaje a casa
Y en la sala, "hasta durmió"

Ahora mi hijita se casa
Y a mi suegro doy razón
Y como buen padre que soy
"Seguiré la tradición"

Unidos por la Compasión

El soldado sale listo
Hacia el campo de batalla
Su valor no se evalúa
Por sus premios o medallas

Con su rifle bien cargado
Listo para disparar
Al enemigo que ha salido
Aun su vida exterminar

El ha sido enviado
A su tierra defender
El idealismo de los suyos
Aun por fuerza imponer

Y se oye el chiflido
De las balas disparadas
A sus pies caen soldados
Al explotar las granadas

Pero el corre disparando
Aunque no ve la matazón
Porque el humo de explosivos
Ha nublado su visión

Y después de la batalla
Reina la tranquilidad
Y alfombrado esta el campo
De la muerta humanidad

Un silencio aun asfixiante
Virtual tenebrosidad
Y con nervios destrozado
Extenuado el está

Busca algún sobreviviente
Hasta mas no poder
Mas no encuentra a nadie vivo
A quien pueda socorrer

Pero en la lejanía
Escucha un débil quejido
Y se dispone a socorrer
Al soldado que ha caído

Mas al llegar se percata
Que el que llora con gemidos
Pertenece al otro bando
Y se encuentra mal herido

El le apunta con su rifle
Listo para disparar
Matar al ultimo enemigo
Y esta batalla ganar

Pero en el reflejo de sus ojos
Hay quebranto y aflicción
Y su mano a el le extiende
Suplicando compasión

El soldado baja el arma
Y junto a el se arrodilló
A su enemigo mal herido
El su ayuda le extendió

Al vendarles las heridas
El enemigo agradeció
Por su acto de bondad
Aunque el no le entendió

Según pasaron los días
El con ternura lo cuidó
Y en las noches muy frías
Lo abrigó y alimentó

Después de esos cuantos días
Se oyó el ruido de los tanques
Era el ejercito enemigo
Haciendo su ultimo avance

Ellos fueron encontrados
Y el soldado compasivo
Cayó como prisionero
En manos de sus enemigos

Mientras el soldado herido
Fue llevado al hospital
Donde se recuperó
De su situación mortal

Nuevamente se ingresó
Recuperado a las filas
Su primera asignación
Fue una orden desde arriba

"Repórtese al paredón
Listo para fusilar
A un enemigo de su patria
En tal fecha y tal lugar"

Rápido se presentó
Y con otros cuantos mas
En linea recta se paró
Listo para disparar

En unos breves minutos
Trajeron al condenado
No era otro que el soldado
Que su vida había salvado

El sargento dio la orden
Levantar armas y apuntar
Mas un soldado no quiso
Esta orden acatar

Una vez el recibió
La bondad que fue otorgada
Por este soldado enemigo
En el campo de batalla

El sargento lo abordó
Le gritó en su propia cara
Que levantara pronto el rifle
Y que su arma disparara

Una lagrima brotó
De sus ojos ya nublados
Al recordar el la ternura
Que aquel reo la había dado

El sargento le quitó
El arma de sus frías manos
Y le ordeno que se parara
Al lado del condenado

El obedeció la orden
Y a su lado se paró
Y al encontrarse junto a el
Su mano fuerte le apretó

Pronto se dio la orden
De disparar al paredón
Así murieron dos soldados
Unidos por la compasión

Obedecieron como soldado
Toda orden que se dio
Mas no pudieron ir en contra
De la bondad que los unió

Vivo Retrato

Al llegar de mi trabajo
Cansado y sin energías
Me espera una persona
Que quiere mi compañía

Es el dueño de mi amor
Que le doy incondicional
Con un bate y una bola
Listo para jugar

"Ay hijito hoy no puedo"
Es como le contesto
"Hoy me encuentro muy cansado
Y me siento casi muerto"

Es con mirada triste
Que entra a casa cabizbajo
"Ya mañana jugaremos
Saldré temprano del trabajo"

Y cuando el mañana llega
Yo lo mismo le repito
Y yo nunca encuentro el tiempo
Para jugar con mi niñito

Crece el fruto de mis entrañas
Todo igual sigue conmigo
Si no me ocupo en el trabajo
Me divierto con amigos

Y mi hijo aun me invita
A un pasadía escolar
"Esta semana no puedo"
Le contesto yo al llegar

"Es que tengo que arreglar
Un importante asunto
Pero pronto, si muy pronto
De veras saldremos juntos"

Ya mi hijo se graduó
Es trabajador y honrado
Pronto se casara
Pues ya anda enamorado

Y así fue como un día
De mi casa el partió
Es la ley de la vida
Según Dios lo promulgo

Con el tiempo quede viudo
Ya me encuentro retirado
La soledad me acompaña
Y depresión me ha causado

Pero es en estos momentos
Que me acuerdo que un día
Yo tenía un niñito
Que lo era todo en mi vida

Y con manos temblorosas
Marco su número contento
Con la esperanza que quizás
Pasemos junto algún tiempo

Su maquina contestadora
Dice que deje un mensaje
Que en estos precisos momentos
El se encuentra de viaje

Pienso, ¡Será otro día!
"Quizás mas adelante"
Y prendo mi televisor
Quien es mi fiel acompañante

En otra ocasión lo visito
Con caña de pescar en mano
Y le digo, "vamos hijo
A echar carnadas al lago"

Pero el dice, "Ay papa
Me agarraste en mal momento
Tengo un trabajo que entregar
De veras, como lo siento"

Y muy triste voy a casa
Y poco a poco comprendí
Que mi hijo es un retrato
De lo que yo un día fui

Poemas galardonados en los Festivales de poesía de San Francisco, California y Las Vegas, Nevada

Al pie del Flamboyán – Premio Trofeo Dorado 2007 – Festival de la Canción Latinoamericana de San Francisco

Amor Verdadero – Pluma de Plata 2009 – Festival de la Canción Latinoamericana de San Francisco

El Capataz – Mejor Poema 2010 – Festival Internacional de Las Vegas

La Cárcel de Colores – Pluma de Plata 2010 – Festival de la Canción Latinoamericana de San Francisco

Paradoja de un Soldado – Pluma de Oro 2011 – Festival de la Canción Latinoamericana de San Francisco

Donde es Pecado ser Joven – Trofeo Prensa Internacional 2011 – Festival Internacional de Las Vegas

Baila – Mejor Poema 2012 – Festival Internacional de Las Vegas

La Niña Escandinava – Pluma Platino 2012 – Festival de la Canción Latinoamericana de San Francisco

Una Cita con mi mente y corazón – Pluma de Oro 2013 – Festival de la Canción Latinoamericana de San Francisco

Cuna de la Salsa – Trofeo Prensa Las Vegas 2013 – Festival Internacional de Las Vegas

La Oscuridad del Alma – Mejor poema 2014 – Festival de la Canción Latinoamericana de San Francisco

Los Charros de mi México – Mejor Poema 2014 – Festival Internacional de Las Vegas

Unidos por la Compasión – Pluma de Oro 2015 – Festival de la Canción Latinoamericana de San Francisco

La Experiencia no Vivida – Trofeo Prensa Las Vegas 2015 – Festival Internacional de las Vegas

Made in the USA
Las Vegas, NV
24 October 2021